# Bienvenue chez les dingos

D1799418

« La vie est courte, l'art est long, l'occasion fugitive, l'expérience trompeuse, le jugement difficile. »

Hippocrate / Aphorismes

# Bienvenue chez les dingos

## Pérégrinations en absurdie

Un roman de :
*Voir à l'avant du paquet*

## Déambulation impavide

« Parcage », cause de tous ces maux qui ont fait disparaître le paradis terrestre. Une idée générale mit au jour un séjour enchanteur dans l'au-delà. Il ne faut pas vivre pour rien !

Mais rentrons dans le vif du sujet.

Telle est ma pensée, qui, bien que somnolente, m'énerve inutilement. Je regarde furtivement le calme nocturne urbain.

Ce matin, après une courte nuit de sommeil remplie de pensées chaotiques et heureuses, je m'éveille doucement dans la forte clarté du matin. Midi déjà !

Je suis en retard, mon cours commençait à 11 heures ! Je saute du lit, « Bam »

— Aïe !

Je m'habille et mange rapidement, je me lave quand même un peu et fume enfin ma cigarette matinale ; je me calme.

Tiens, il fait beau aujourd'hui !

J'emporte mon sac et parcours le chemin qui mène à l'université. Le train électrique (enfin, nucléaire) finit par arriver. Je pénètre dans la caverne à roulette et attend son départ. Mais qu'est-ce qu'il est lent ! Allez, avance ! « En raison de problèmes techniques, ce train est immobilisé... » C'est bien ma veine, je n'avais pas besoin de cela.

Les personnes présentes dans le wagon sont calmes et le ronronnement perpétuel des machines fait somnoler les esprits, rêvant du passé, espérant le futur. D'autres imaginent Dieu seul sait quoi. Non, après tout, seules les personnes en question doivent le savoir, Dieu aura la décence de ne pas examiner nos pensées ; ni de nous observer d'ailleurs, on a le droit à une vie privée quand même.

Ça y est, le train repart, on arrive enfin à destination. Je me dépêche, c'est bon, pas de contrôleurs. À l'entrée de la faculté, je retrouve deux camarades que je salue bien courtoisement. Ils me répondent de même « ouais, lusse » juste avant que je ne m'apprête à pénétrer dans l'antre de la connaissance et du partage. C'est bon, il me reste un quart d'heure de cours ! Je n'aurai pas tout manqué...

Arrivé devant la salle de classe, je frappe timidement à la porte avant d'entrer discrètement. Soudainement, je suis surpris par les soubresauts incessants d'une dame qui ressemble fort à mon professeur. Et c'est bien mon professeur qui s'obstine à m'obstruer l'entrée en me criant qu'il est inacceptable d'arriver à cette heure-ci.

Devant tant d'entêtement, je sors, irrité. À chaque fois, c'est la même histoire, ce n'est quand même pas ma faute si j'ai été confronté à des problèmes de transport !

J'attends dix minutes la fin du cours pour discuter et déjeuner avec mes amis, puis je souhaite rentrer rentre chez moi terminer ma nuit bien méritée.


Je veux respirer à plein poumon et j'ai du temps ; je retourne à mon appartement en marchant. Je traverse la faculté où tous les bâtiments se ressemblent, gris et assez basiques, pas très sexy, mais tout de même pratiques. Mon bâtiment est le

« G », comme glamour. Au centre de tous ces édifices se trouve la piste d'athlétisme, un terrain de football avec un revêtement en goudron battu, des terrains de tennis qui mériteraient une bonne restauration et une pelouse où bon nombre d'étudiants se prélassent au milieu des pâquerettes. Quelques arbres oxygènent l'espace. Les jeunes, vêtus hauts en couleurs, sourire aux lèvres, refont le monde et discutent de la société et de ses diktats, s'autorisent des séances de capoeira ou de jongles, roulent quelques joints et aiment simplement. Pas très original tout cela, ils profitent des conventions étudiantes et ils ont bien raison.

En sortant de la faculté, je surplombe les voies ferrées grâce à un pont assez long. La gare est une jonction entre le train et le RER ; j'arrive directement devant Pôle emploi, au moins, c'est un emplacement que les futurs anciens étudiants n'auront pas à chercher.

Sur la droite, je poursuis mon avancée au sein d'une cité aux rues portant les doux noms poétiques de régions françaises. La cité ressemble à la grande place d'un village de province, assez typique et intime, avec des habitats quadrangulaires et simples l'entourant. Comme toujours, des groupes bivouaquent devant les halls d'entrée et comme tous les jours, on me propose plusieurs fois du cannabis. Je dois refuser plusieurs fois à chaque fois, mais vu la quantité de passage dans le quartier, ils ne doivent pas me reconnaître. Je ne m'inquiète pas pour eux en refusant, ils trouveront facilement des acheteurs, ce n'est pas les clients qui manquent. Entre la fac, les bureaux et les habitations, une file d'attente se forme souvent devant leurs points de vente. Deux noyaux de détaillants se concurrencent mais, commerçants, ils se sont cousinés pour ne pas baisser les prix, la Commission européenne ne serait pas contente.

De temps en temps, la police vient participer à la communauté mais cela ne doit pas trop les intéresser car, s'ils s'arrêtent et observent le trafic, ils repartent peu de temps après sans descendre de voiture. Tout le monde vit en bon voisinage.

À la croisée de l'allée de Bretagne et de l'allée de Gascogne, je monte un escalier et j'arrive sur une large avenue que je suis. J'entre alors dans un quartier où de magnifiques immeubles de verre flirtent avec des entrepôts imposants et des parkings immenses. J'enjambe les restes de rails de voies de chemin de fer désaffectées et passe devant un petit immeuble avec des barreaux aux portes et aux fenêtres. Je pensais que c'était une mini prison mais un ami me dit que ce sont des logements pour une école de police. Peut-être les barreaux servent-ils à empêcher les élèves de sortir faire la bringue. Je suis sceptique, le mystère reste entier. Plus loin, de nombreux camions autour desquels des hommes s'activent et déchargent des marchandises stationnent plantureusement. Des maisons plus ou moins petites, originales et vétustes apparaissent. L'une d'elle, au doux nom de Jenny, organise des spectacles de luttes coordonnées. Je ne manquerai pas les prochaines oppositions, d'autant plus qu'Arthur le Périlleux, dit Flapjack men se produira sous peu contre Raymond la Manchette.

Entre les pavillons, une décharge de carcasses de voitures rappelle que le lieu doit être rempli de divers trafics et que le système D fonctionne à plein ici, à l'ancienne. Je continue la marche entre des immeubles en construction. J'entends des sirènes, des coups contre du béton, des cris : les ouvriers travaillent dur.

Plus loin se trouve la chaufferie de la Défense, le quartier d'affaires. C'est une vaste pyramide coupée sur le haut où non loin une plate-forme émet de la vapeur continue et contribue à une atmosphère romanesque particulière. Derrière, des immenses tours, belles et variées, font lever la tête et impressionnent.

Enfin, j'arrive chez moi, un petit studio dans un immeuble flambant neuf, au milieu d'un quartier en chantier.

Le chemin parcouru n'est pas bien long, peut-être une demi-heure, mais il est fascinant par sa diversité.


C'est bien beau tout cela, mais il faut que je commence à travailler sérieusement car mes examens approchent. Je suis assez bon élève. Chaque professeur conseille un ou deux livres de prédilection, souvent écrit par leurs soins. Il faut bien les vendre. Pour obtenir une note convenable, il suffit de bachoter un peu et comprendre la logique apparente. Si j'ai le temps, mais je n'ai pas le temps, j'approfondis la lecture ; plusieurs passages me semblent alors bien hâtifs ou arrangeants, voire contradictoires. Les explications ou idées me deviennent obscures, je ne comprends plus. Je préfère ne pas trop réfléchir, je suis meilleur ainsi.

Le jour de l'examen, je me débrouillerai pour être évasif et retranscrire pérroquettement les textes et les calculs. Cette technique marche plutôt bien, je me place parmi les premiers.

Demain je m'y mets.

En attendant, je me balade un peu dans la ville. Ce soir, je bénéficie d'un rendez-vous avec ma nouvelle amie, Églantine.

Afin de changer des sit-in dans les jardins ou forêts, lieux de sorties gratuites où nous pouvons peindre aux rythmes vivifiants des djembés, mes amis m'avaient proposé de participer à une manifestation pacifiste, ce qui me permit de rencontrer Églantine. Nous marchions en groupe et, pastichant les supporteurs chevronnés abiérrés, nous répétions en chœur les slogans du déclamateur. La ferveur festive qui se dégageait de la foule et l'espoir humain que celle-ci engendrait contrastaient avec les compagnies de CRS immobiles qui n'attendaient que de nous rejoindre. Debout, droits et disciplinés, ils avaient fière allure. Pour autant, ils me suscitaient de la peine car ils avaient l'air de s'ennuyer sévère en lorgnant nos bières. Ce sont des hommes engagés pour l'action et la passivité ne leur convient pas. Heureusement pour eux, cet immobilisme ne dura que peu de temps. Je n'étais visiblement pas le seul que cette situation embarrassait et un manifestant bientôt suivi de plusieurs autres vinrent les distraire. Les provocations puis altercations devinrent réciproques et de plus en plus brutales, l'agitation montait progressivement et en peu de temps, les grenades lacrymogènes ripostèrent aux lancers de pierres et de bouteilles.

Nous nous amusions bien ensemble mais pendant ce ramdam, j'aperçus au milieu du chahut une jeune fille seule, immobile, qui invectivait vaillamment les CRS le poing tendu.

Étrangère parmi nous, ignorant les codes élémentaires d'un cortège, mon regard était absorbé par la novice, courageuse et fragile, touchante.

Qu'est-ce qu'elle était belle !

Je me suis évanoui. Je me suis pris une rossée en voulant la protéger et c'est alors que, peut-être reconnaissante, elle pansa mes plaies et me réconforta tendrement. Sa voix, telle la mélodie du chant des biches, ses gestes, avec la précision du cétacé, le calme en deçà, ainsi que la moiteur émanant de son corps firent disparaître toutes mes douleurs. Je me retrouvais rapidement sur un nuage douillet que je ne connaissais pas, mon corps et mon esprit baignaient dans le bien-être de la conscience onirique, loin de toutes pensées, forcément corrompantes. Peut-être était-ce cela le paradis originel.

J'étais encore groggy et je ne voulais pas redescendre mais nous avons discuté un peu entre nous. Elle était gentille, tolérante et voulait donner sa vie à l'intérêt général. Elle m'a invité à une réunion de jeunes socialistes dans laquelle elle officiait et j'ai pu à cette occasion l'écouter défaire et refaire le monde. Elle fustigeait sans concession les politiques socialistes qui se démarquent de la ligne du parti et les idées actuelles du parti. Elle parlait avec une telle force de conviction que la salle était suspendue à ses lèvres :

— Honte aux Français qui dénoncent leurs voisins au fisc, ce sont les méthodes (in)dignes du régime de Vichy ; il ne faut pas légaliser le commerce du cannabis car c'est uniquement grâce aux trafics que les cités arrivent à survivre et n'explosent pas. Les Français refusent la disparité et le changement, ils sont intrinsèquement ségrégationnistes ; si le communautarisme fait partie de la culture des immigrés, nous nous devons de l'accepter. Nous devrions être davantage solidaires, augmenter les taxes et impôts des puissants et confisquer la totalité des biens de ceux qui osent frauder l'État et par là même le peuple, le peuple tout ensemble se doit d'être vigilant et de coopérer. Un État juste et fort éliminera les trafics de drogue qui tuent nos enfants.

Elle parlait vite et bien, ses yeux brillaient de par son lyrisme, mon cœur bronzait sous les étoiles. Je la contemplais et ne l'écoutais plus vraiment. Mon esprit n'est pas assez vif pour réellement comprendre sa rhétorique en si peu de temps et Églantine ne détaillait pas suffisamment ses idées pour que je les assimilasse correctement, car son discours me paraissait bien contradictoire. Je ne doutais pas pour autant de la pertinence du message tant sa gestuelle était mêlée de force et de grâce. À chaque phrase prononcée, beaucoup applaudissaient ; la salle était euphorique et j'étais en train de tomber amoureux.

Suite à son passage, après une discussion rapide avec sa garde rapprochée, elle est venue me demander comment je l'avais trouvée. J'étais fier ! Je lui dis qu'elle avait été parfaite et lui avouais que je n'avais pas toujours tout compris. Elle me sourit et je rougis.

Depuis ce jour, je la rencontre régulièrement ; je me sens bien en sa compagnie, serein. Bien sûr, elle peut paraître parfois excessive voire discordante, mais elle est tellement brillante et sincère que je n'ose la contredire. Sa voix est si particulière que je pourrais l'écouter pendant des heures ; elle rêve de devenir politicienne de haut niveau ; ce n'est qu'à travers l'État que l'on peut réellement aider les autres. Je suis sûr de sa réussite.

Églantine, la femme de ma vie, mon amour.

Je ne veux pas essayer de la séduire. Je voudrais qu'elle ne m'aime ni par mon paraître, ni du fait de mon amour, ni pour le bien-être que je pourrais lui procurer, ni même pour le bonheur d'aimer.

Je rêve d'un amour pur, un amour qui ne relève d'aucun élément, d'aucune raison et d'aucune aspiration.

Je ne lui dis rien de mes sentiments, je regarde bouger ses lèvres légèrement humides que je rêve d'embrasser et cela suffit amplement à ma joie. Demain, elle concevra notre destin commun.


Églantine s'accapare mon esprit rêveur, le soir approche et mon cœur palpite quand je propose à Églantine de nous promener à la Défense. J'adore ce quartier surréaliste et je veux lui faire partager mon éden.

Cet espace grouille le jour et se vide la nuit. De nombreuses passerelles entourées de buildings survolent les boulevards vibrionnants. Nous pouvons marcher longtemps à côté d'un édifice avant de pouvoir trouver une entrée possible à celui-ci tant le nombre de niveaux est important ; c'est un vrai labyrinthe tridimensionnel ; permettant de découvrir dans le dédale d'un escalier, d'une passerelle ou d'un recoin, de nombreux petits squares ou jardins embusqués, tous différents et atypiques, olympiens.

Sous les dalles de la Défense, j'ai remarqué en voiture, juxtaposé à la face cachée d'une tour, à côté et sous les boulevards, un espace qui semble sorti de lui-même : un terrain de basket. J'ai essayé de nombreuses fois de m'y rendre à pied mais je n'ai jamais réussi à le débusquer, octroyant à ce lieu le mystère de l'inaccessible.

Les jours de grands vents, le souffle s'engouffre à travers les bâtiments et nous offre une lutte incessante au travers de nos déplacements. Nous nous retrouvons en Bretagne intra-muros et les chemins piétonniers se transforment en cimetière de parapluies.

Aujourd'hui est un beau jour et mon bel amour accepte de m'accompagner. Nous parcourons longuement ce quartier et le temps est magique : malgré l'heure tardive, embusqué pour nous observer, le soleil s'attarde à éteindre ses lumières. Le ciel rayonne de couleurs grenadines entremêlées de vagues nuages translucides. Un léger crachin nous éveille et sait garder à ce lieu un espace irréel. Nous marchons en silence dans le dédale, au sein d'un quartier vide, l'air frais consistant. Églantine se rapproche doucement de moi, nous sommes au paradis.

Nous nous aventurons derrière la grande arche. Nous slalomons entre de grandes plaques de verre apposées tant bien que mal en tant que pare-vent, puis nous découvrons au bout d'un parvis une large passerelle esseulée, éclairée uniquement aux extrémités de la largeur à l'aide de luminaires posés à même le sol, nous invitant par là-même à découvrir son mystère. Nous marchons un moment, ne sachant où nous mènera ce chemin onirique empli de romantisme.

Nous avançons doucement à travers la nuit ; Églantine me serre la main et nous respirons fort, vivants.

C'était un piège : la passerelle s'arrête nette, finissant sur une barrière, menant à nulle part. Nous restons là à contempler le paysage qui s'offre à nous. À droite, le cimetière de Courbevoie, embrumé et mal éclairé, apporte une atmosphère énigmatique et obscure, nous rappelant brièvement l'instantanéité de la vie ; à gauche, quelques lumières laissent entrevoir la cité-Picasso, mystérieuse comme un cargo, inspirant l'intensité citadine. Cette cité est contiguë à un magnifique parc avec lac et jardins que j'arpente de temps en temps en y pratiquant du sport.

Nous ne pouvons percevoir ce qui nous entoure à notre proximité proche : il fait trop sombre et rien n'est éclairé. Peut-être est-ce des serres potagères, un musée paléolithique ou tout simplement des masures de verre.

Derrière nous, la grande arche se dresse et s'impose avec splendeur et majesté, magnifiquement éclairée sous un ciel impressionniste. Aucun bruit ne transparaît, seul le ronronnement de la ville au loin nous parvient.

Nous restons là, seuls, libres et puissants.

Le monde est à nous.

# Navigation à Paris

Je m'appelle Églantine et j'ai reçu de ma famille un héritage culturel brillant. Mon père fut député socialiste pendant près de vingt années, secrétaire d'État et ministre ; il est maintenant sénateur et président d'honneur de nombreuses associations et institutions. Ma mère était conservatrice au musée du Louvre et tous deux m'ont élevée dans l'amour du prochain.

Je suis issue d'une famille de grands patriotes et résistants de la première heure : mon père, ma mère, mon grand-père et arrière-grand-père ont tous été décorés de la Légion d'honneur.

Pour autant, mes parents ne sont pas particulièrement fortunés : nous habitons un HLM haussmannien au sein du quartier latin dans le 5e arrondissement de Paris.

Il m'appartenait de porter haut le flambeau de la famille ! C'est donc tout naturellement que j'ai postulé au difficile concours d'entrée de l'Institut d'études politiques de Paris, communément dénommé Sciences Po. Ce n'est pas mécontente que j'ai appris mon admission au sein de cette école prestigieuse qui forme et formera l'élite de la société française.

Mes parents sont fiers de mon parcours. Je souhaite réussir ce qu'ils ont accompli et il est possible que je devienne la première femme à accéder au plus haut pouvoir exécutif français : Madame la Présidente de la République. Je marquerai ainsi l'histoire de France.

Le corps professoral de Sciences Po est réputé pour son enseignement de qualité et son exigence ; nous y apprenons la rhétorique, ou l'art de parler indépendamment de la pensée. Nous étudions l'histoire, les discours des grands hommes, l'art de coordonner les forces vives de la nation.

Bien sûr, nous travaillons beaucoup sur l'actualité contemporaine et je m'intéresse particulièrement aux problèmes engendrés par la corruption, les intérêts communs et les nominations de complaisance.

J'adhère naturellement au sein du Mouvement des jeunes socialistes, sans doute la solution la plus adéquate pour parvenir à mes fins. Ce mouvement est actuellement dirigé d'une main de fer par Triboulet, un jeune étudiant arriviste à tendance sociale-démocrate qui accepte mal les divergences au sein de la direction qu'il a phagocytée. Je m'inscris avec la volonté de réformer ce parti de l'intérieur.

Les réunions politiques sont ennuyeuses. Triboulet choisit seul les orateurs et ils ne font pas partie des meilleurs. J'en parle en privé à quelques camarades qui m'approuvent, je m'accapare mes premiers alliés, je me sens consolidée dans mon approche. Frappons fort !

La réunion politique suivante reste toujours aussi insipide. Je me décide à en modifier la tenue et, entre deux orateurs, je m'approche rapidement de la tribune et réussis à saisir le micro en m'imposant physiquement.

Je déclame un discours tonitruant, refusant le système actuel du mouvement. Étant travailleuse, j'ai longuement préparé ce discours tant sur le fond que

16

sur la forme. Les mots sortent naturellement, théâtraux, magiques. C'est un triomphe, mes partisans et d'autres m'acclament ; j'ai gagné la première bataille.

Pour autant, Triboulet n'accepte toujours pas que j'accède à de réelles responsabilités au sein du mouvement. C'est tout juste s'il me laisse m'exprimer. Je décide alors de créer une mouvance sociale-démocrate de gauche, la SDG, pour que Triboulet puisse clairement identifier mes propres soutiens et soit obligé de m'intégrer au sein de la direction de l'organisation politique. À sa création, nous ne sommes qu'une poignée de militants au sein du SDG. Nous serons bientôt plus de dix.

Parallèlement aux cours, je m'engage beaucoup sur le terrain afin de me faire connaître du grand public. Dimanche, je participerai à une manifestation condamnant les conditions de détention des détenus dans les prisons insalubres et surpeuplées. Ce sera ma première manif et je suis assez excitée.


Le jour J, je marche devant mes camarades et prône nos idéaux quand les CRS chargent une partie du cortège. Les violences policières viennent gâcher la solennité et justifient par cela même, la crédibilité du défilé.

Je suis scandalisée.

Courageusement, je me dirige avec mes camarades vers ces compagnons grégaires d'insécurité pour les affronter, poing tendu, tête haute et montrer notre révolte. Alors que je m'approche d'eux pour les défier, un jeune homme se fait cogner par les forces de police juste devant moi. Tout de suite, je me retourne pour interpeller mes camarades et leur demander d'aider ce pauvre garçon. Derrière moi n'apparaît que le vide, sans doute mes soutiens ont-ils été dispersés par la foule. Je ne sais que faire, je reste inerte, abasourdie par la grossièreté qui s'expose devant mes yeux.

Le déversement de haine terminé, les commanditaires me regardent un instant et partent prestement.

La scène est rapide, peut-être une minute ou deux mais elle me marquera sans doute durablement. Je n'ai jamais connu un tel sentiment d'impuissance.

J'aide le garçon en le réconfortant gentiment, je lui exprime ma solidarité et ma compassion. J'en profite pour lui donner rendez-vous à une prochaine réunion où je serais oratrice, j'ai besoin de soutiens et sans doute racontera-t-il mon exploit à cette occasion.

Je ne retrouve pas mes camarades dispersés et rentre alors chez moi. La manifestation me sera utile, je suis pleinement satisfaite de cette première !

Excepté la mouvance que j'ai récemment créée avec mes amis de Sciences Po, tout, dans le mouvement où je suis, respire la médiocrité, les doctrines primaires et le racolage. La plupart des militants, complètement déconnectés du monde actuel, ne sont présents que par tradition familiale ou idéologie éculée.

Heureusement pour la France, seules les élites académistes seront les futurs administrateurs de l'État, les anciens y veilleront soigneusement.

Nous devons nous forcer tout de même à côtoyer tous les jours la base partisane pour s'assurer de son aide et faire campagne aux multiples élections. Ces activistes nous font connaître auprès du peuple et nous servent d'intermédiaire et de test. S'ils adhèrent à notre discours, alors la masse populaire fera de même.

Nos discours se doivent d'être compréhensibles et acceptables par un niveau intellectuel moyen sans être tout de même trop éloignés de ce que nous comptons réaliser une fois au pouvoir. Une carrière se construit dans la durée. Pour toucher un vaste public, la mission électorale se construit aux prix de mots forts au sein de formules évasives.

Cet état de fait me désole, mais je ne trouve pas d'alternative : soit se faire élire en proférant des mensonges ou plutôt des inexactitudes, soit dire clairement la vérité aux Français et être inaudibles, non éligibles et de ce fait inutile.


Je demande à utiliser la parole à chaque réunion politique ; je veux parfaire mon assurance oratoire et me faire connaître. À l'une de celle-ci, je reconnais mon rescapé dans la salle et dès ma partition terminée, je m'enquiers auprès de lui de ma prestation. Il m'a trouvée parfaite, puis m'avoue qu'il n'a pas toujours tout bien compris. Il faudra que je simplifie mes discours à mes prochaines séances.

Marivaudant sur le communautarisme, il me prétexte que je condamne ceux qui condamnent ce que je condamne.

— Ce n'est pas faux, réponds-je machinalement.

J'apprécie la franchise, voire la naïveté de ce garçon et j'accepte de le revoir régulièrement. Sa faculté singulière de ne pas juger me repose pleinement ; ce serin me rend sereine. Il est un peu mon animal de compagnie, plaisanté-je avec mes camarades.

Connaissant mon futur statut d'influente, il se plaît à me faire découvrir un monde que j'ignore : la modicité française. Sans doute veut-il me faire comprendre toutes les erreurs urbaines commises par mes prédécesseurs.

Je préfère garder ces rencontres discrètes ; si je souhaite que l'on sache que je m'intéresse à cette tranche de la population, je ne veux pas que l'on m'assimile à celle-ci.


Ce soir, il me propose de visiter la Défense. Connaissant l'insécurité qui y règne la nuit, je suis tout d'abord réticente. Les cadres évitent de sortir tard de leurs bureaux pour ne pas s'y confronter, quand bien même les bandes qui rôdaient autour du parvis dans les années 90 ont été éradiquées.

Je finis par accepter, courageuse et curieuse de ce que je pourrais constater : je ne suis pas déçue. Toutes mes appréhensions se révèlent exactes. La place est déserte, mal éclairée. L'art moderne criard côtoie de manière dissonante le béton et le verre ; les immeubles se suivent sans harmonie ni cohérence ; le peu de verdure semble artificiel, ajouté de manière éparse à divers endroits aléatoires.

La Défense est un quartier fabriqué par ajout, sans aucune vision préalable.

Nous marchons depuis un moment quand la pluie fait son apparition.

— Rentrons, demandé-je.

Il insiste pour continuer un peu. Nous contournons alors la grande arche et empruntons une passerelle : nous cheminons ainsi un long moment dans une quasi-obscurité et un silence de plomb. Je ne me sens pas du tout rassurée. S'il s'avérait que nous nous fassions agresser, il nous serait impossible de demander une aide quelconque ; nous serions alors bloqués au-dessus de nulle part, seuls. Aucune cabine téléphonique n'est présente en cet endroit et nos cris résonneraient dans le vide. Je tiens machinalement la main de mon camarade et respire fort pour me donner de la contenance. Heureusement, personne n'est visible à l'horizon. La pluie aura sans doute fait fuir les agresseurs.

Nous arrivons au bout du périple et il ne mène à rien d'autre que le paysage désolant de sépultures et de hautes tours d'habitations piteuses. Je n'ose imaginer la misère que subissent les habitants de ces ghettos. Je m'efforcerai quand je serai au pouvoir de décloisonner ces quartiers ; au moins y rajouter de la verdure. Je n'aperçois pas sur quoi repose la passerelle. Peut-être un champ de cannabis, un charnier ou plus sûrement un bidonville.

Dernière nous, la grande arche nargue toute cette misère par son opulence ostentatoire. Le cynisme de toute une société se retrouve dans cette scène.

Nous restons là, seuls, impuissants à modifier ce monde absurde.


Je remercie mon guide de m'avoir dévoilé son quotidien et l'assure de toute ma compréhension.

Je me sens plus que jamais investie d'une mission : améliorer le cadre de vie de mes concitoyens.

## Déambulation en entreprise

Le temps s'écoule doucement et mon esprit vagabonde entre mon amour et mes études. Nous nous retrouvons toujours à deux car nous ne voulons pas nous partager.

Ma belle m'a invité une fois à son domicile en l'absence de ses parents, un magnifique appartement haussmannien en plein cœur de Paris. Nous avons discuté à loisir de philosophes grecs dont je ne connaissais rien. J'effleurais leurs concepts que je découvrais et m'amusais à trouver de nombreux biais à leurs raisonnements. Églantine était étonnée de mes connaissances philosophiques mais ne comprenant pas mon ignorance, elle s'irritait de mon absence de modestie.

Entre ces enseignements, je n'oublie pas le futile. Je potasse mes cours. Mes examens commencent demain et je me sens prêt. Je suis tout de même un peu nerveux avant de m'endormir.

Le jour J, je suis opérationnel. La concentration est le maître mot. Un volcan exploserait autour de moi, je resterais inébranlable. Les sujets sont sans surprise. Je rédige presque machinalement. Je suis content, je ne pense pas me coltiner les rattrapages.

Quelques semaines plus tard, effectivement, je constate que j'ai eu mes examens assez facilement, j'ai été efficient. J'ai postulé dans de nombreux Diplômes d'études approfondis, préparant à la recherche et aussi dans plusieurs Diplôme d'études supérieures spécialisées, préparant à l'entreprise. Je crois que j'aurais dû réaliser un petit mensonge par omission et ne pas dire que je voulais préparer un double cursus (physique et économie) car j'ignorais encore ce que je voulais faire. Je n'ai été pris que dans le DEA de macroéconomie et analyse quantitative. Contrairement aux DESS, il n'y avait pas de sélection, en tout cas, pas d'entretien. Je suis tout de même satisfait : le nom a de l'allure et l'idée de devenir chercheur en économie me plaît beaucoup. Je vais me renseigner sur le contenu exact de la formation.

Je suis en vacances, je dispose maintenant de trois mois pendant lesquels je pourrai enfin travailler un peu. Un ami m'a proposé un stage pour lequel il s'agirait de gérer les archives d'un cabinet d'avocat. J'accepte l'offre car c'est un bon ami. Il me dit que son père est un associé du cabinet, le stage sera tout de même rémunéré 70 % du SMIC. Décidément, les études de mathématiques permettent de nombreux débouchés.

Le premier jour, on nous explique rapidement le rôle du cabinet : il permet la gérance d'affaires variées comme le droit du travail ou le divorce. Durant cette journée, nous participons à quelques réunions entre avocats pendant lesquelles ceux-ci discutent de leurs clients et des difficultés dans diverses affaires. Nous observons, nous apprenons, c'est vraiment intéressant. Je pique un peu du nez, mais mon ami me donne un petit coup discret pour me faire relever la tête ; mon sursaut amuse quelques personnes autour de la table ; une bonne ambiance transparaît. Plus tard, nous interrogeons avec mon ami toutes les personnes travaillant pour le cabinet ; toutes nous expliquent avec patience leurs attributions et statuts au sein de celui-ci.

Le lendemain, on nous explique le travail à effectuer. Il s'agit de déménager à la cave toutes les archives entreposées dans une pièce et de les classifier par ordre chronologique de la numérotation de celles-ci. Je regarde médusé le nombre de cartons que nous aurons à transporter, plusieurs tonnes d'archives attendent nos bras, la pièce en est remplie. Malheureusement, l'ascenseur ne descend pas au sous-sol. Nous avons un mois pour réussir à les transférer toutes. À deux, nous pourrons avancer tranquillement. Nous avons un petit diable sur lequel nous pouvons disposer jusqu'à six ou sept dossiers et descendre au rez-de-chaussée grâce à l'ascenseur. Pour accéder à la cave, deux marches montantes, une petite cour, un escalier en colimaçon et enfin, nous pouvons ranger les archives une à une. Nous nous apercevons rapidement qu'il est plus aisé de se passer du petit diable et de l'ascenseur. Le cabinet se situe au troisième étage. Nous passons donc nos journées à descendre à bout de bras les archives entreposées. Nous pouvons porter deux à trois cartons d'archives à chaque voyage ; leur poids est variable. Ce travail est très enrichissant, musculairement !

Pendant le déménagement, nous discutons de sujets variés, tous passionnants, comme la dynamique de l'équipe de France qui, après la félicité de la coupe du monde, terminera championne d'Europe après un but en or, pourtant contestable dans la théorie d'un jeu temporel ; ou du tour de France qui commencera sous peu et devrait nous gratifier d'un beau duel entre les médecins de Lance Armstrong et de Jan Ullrich. Nous allons à notre rythme et nous ne sommes pas spécialement fatigués. Personne ne prête attention à nous.

Le midi, nous allons manger au jardin du Luxembourg, non loin du cabinet. Avec nos tickets restaurant, nous pouvons commander de la nourriture à emporter. Au parc, nous contemplons les passants et les cadres s'adonnant au jogging. Ce n'est pas le sport le plus élégant qui soit ; chacun son style, souvent le visage contracté, la tête en avant et les fesses en arrière, le tout avec un sweat moulant ; c'est à celui qui imitera le mieux la volaille.

Le mois de juillet se termine et nous avons achevé notre tâche quelques jours avant la fin de notre stage. L'associé vient vérifier notre travail ; il est satisfait. Il nous propose que nous ne revenions pas les derniers jours qui restent car il ne saurait pas quoi nous faire faire, mais il nous assure que nous serons tout de même rémunérés. Je n'ai pas de rapport de stage à écrire, c'est parfait, je peux préparer en avance mes vacances en Chine ; j'ai hâte et je suis en même temps anxieux. Ce sera la première fois que je voyagerai si loin et seul. Dommage qu'Églantine ne puisse pas m'accompagner. Je prévois un voyage grandiose, peuplé de douceurs et de découvertes. Ce sera une bonne expérience, les voyages forment la jeunesse, sans préambule.

## Navigation à La Croix-Valmer

Après avoir brillé cette année à Science-Po, je voyage cet été à La Croix-Valmer, une petite localité agricole située dans le Var. Je partagerai avec des amies la maison secondaire de mes parents. Par fidélité et compassion, bien qu'absents, mes parents continuent à offrir du travail à l'intendant et la cuisinière le temps de notre séjour.

Je fais profiter gracieusement mes invitées de la villa et de la région. Seuls le voyage, les sorties et la nourriture seront à leur charge, je les laisse jouir de ma générosité.

Aussi, profitons-nous du rebord de la piscine pour nous instruire et lire de nombreux ouvrages. Nous visitons l'arrière-pays, dont Gassin, magnifique village où le panorama est époustouflant.

J'invite régulièrement mes amies à laisser un pourboire aux serveurs, ils ont un travail et des horaires difficiles et je veux les récompenser. Malheureusement, je n'ai que rarement de la monnaie en ma possession.

Nous sortons régulièrement en soirée à Saint-Tropez, petite ville dynamique non loin de La Croix-Valmer. L'intendant nous servant à l'occasion de chauffeur, nous n'avons pas à nous soucier de la quantité d'alcool ingurgitée. Nous nous amusons auprès d'estivants de qualité et je me réjouis de savoir rester simple malgré mes capacités. Un temps requiert le sérieux et un temps l'amusement.

Je rencontre à cette occasion un riche entrepreneur : Kévin. Si sa beauté et sa jeunesse me séduisent, sa philanthropie m'attire irrésistiblement. À de nombreuses reprises, il me propose le meilleur champagne et, désintéressé, en fait bénéficier mes amies.

Habitant la région parisienne, on devine à sa culture et ses manières ses connaissances autodidactes. Fort de son travail et de son esprit d'entreprise et malgré les embûches sociales, il a su créer et faire prospérer une chaîne de restauration.

Kévin refuse l'assignation de la carte bleue par les banques, il dispose de liasses imposantes de billets et règle toujours les consommations en espèces, laissant systématiquement la monnaie aux serveurs. Pour autant, il est muni de la meilleure technologie qui soit : il possède un téléphone portable et je me dis qu'il faudrait que je m'équipe à mon tour car, s'il peut me joindre à tout moment en déposant un message vocal sur un répondeur qui le relaiera à mon Tatoo, je ne peux en revanche le joindre immédiatement. Je dois tout d'abord demander de la monnaie à mes amies pour pouvoir l'appeler à partir d'un téléphone public.

Il est gentil et je m'amuse beaucoup en sa compagnie. Nous allons dans les meilleurs night-clubs où chaque soir, une thématique culturelle est proposée. Il n'est pas rare de croiser des célébrités internationales ; les DJ sont de classe mondiale, c'est l'éclate totale, la rébellion au système. Ce soir, le thème porte sur la Rome antique.

Après la guinche, nous retrouvons l'intendant qui nous attend en dormant dans la voiture. Nous le réveillons doucement pour qu'il nous reconduise à la villa ; chacun retourne dans sa chambre pour y terminer sa nuit.

Au matin, encore engourdies par les excès de la veille, nous nous restaurons avec un bon petit déjeuner. Je demande à mes invitées à ne pas aider la cuisinière pour ne pas l'offenser ou l'inquiéter, son travail est sien et ne sera pas amoindri.

Les journées se passent ainsi, entre lecture approfondie et promenade dans la région en journée, découverte des cultures en soirée.

Pendant que certains étudiants remplacent avantageusement, car sous-payés, les manutentionnaires qui ont un réel besoin de travailler ou s'ingèrent et enfreignent par arrogance les lois rouges de nations millénaires, d'autres s'activent à réduire le chômage et les inégalités en France.


Je n'oublie pas pour autant les responsabilités qui m'incombent. Fin août, je postule aux épreuves d'admissibilité du concours externe de l'École nationale d'administration et je dois finaliser mes connaissances multiples en révisant de manière intensive le programme. Je rentre donc sur la capitale, triste mais décidée, fière de mon sens du devoir et courage.

Mes vacances furent ludiques et éducatives. J'ai rencontré un garçon et nous avons promis de nous revoir à Paris.

---

C'est au cours de mes révisions que j'apprends la grave maladie de mon père. Si celui-ci est suivi par les meilleurs médecins de France, il n'aurait plus que quelques années à vivre. Or, mon stage à l'ENA se déroulera à Strasbourg, loin de mon paternel qui m'aura apporté tant de valeurs qui me sont chères. Je ne pourrais donc pas accompagner les dernières années de mon papa et cette situation m'affecte profondément. Je ne sais pas quoi décider.

Au retour de Kévin, ensemble le soir au sein d'un café sélect, je lui explique ma situation et exprime mon désarroi. Malheureusement, il n'a pas le temps de me conseiller. Il m'annonce qu'il doit partir car il vient de recevoir un message l'appelant en urgence pour son travail.

— Désolé s'excuse-t-il en se levant. Je t'appelle.


Je me retrouve seule dans ce café au milieu d'indifférents.

Je me décide à appeler Clément, mon pauvre rescapé, pour savoir s'il peut me rejoindre ici et maintenant. Aujourd'hui, j'ai un vrai besoin de compagnie. Je sors mon calepin contenant mon carnet d'adresses et demande au serveur si je peux utiliser le téléphone. Heureusement, Clément est chez lui et accepte de me rejoindre. Je l'attends un moment, rassurée du réconfort qu'il pourra me procurer.

Enfin, Clément arrive. Nous parlons rapidement de nos vacances et j'apprends qu'il s'est créé une nouvelle amitié en Chine. Il n'a pas le temps de m'expliquer les circonstances car je veux lui parler de ma préoccupation du moment. Après m'avoir écoutée attentivement, il me dit comprendre le choix cornélien qui se présente à moi. Le mieux serait peut-être de parler à ma mère et à mon père de mon dissentiment afin d'apprécier la meilleure solution qui soit ; le dialogue aide à la résolution des problèmes. Il me rassure : même si j'étudie à Strasbourg, je pourrai toujours revenir les week-ends soutenir mon père dans ces moments difficiles. Mon avenir professionnel peut rester désirable sans que je ne sois contrainte à délaisser les miens.

Clément a raison, je suis rassurée.


Par courtoisie, je reste et continue à discuter avec mon comparse. Les nouvelles technologies connaissent une extension importante, pourtant, je ne pense pas qu'internet bouleversera nos vies, il sera toujours plus agréable de lire un livre que de regarder un écran. D'ailleurs, le président de la République n'a-t-il pas accédé au poste suprême sans savoir ce que représentait une souris ou un mulot ?

Clément me réplique qu'il est vrai qu'une bonne partie des start-up ne perdurera sans doute pas et qu'organiser de multiples tours de table afin de se renflouer ne constitue pas un gage de durabilité, loin de là. Ces entreprises sont surévaluées et la bulle internet devrait bientôt éclater ; mais il faut reconnaître à internet une utilité : par exemple, il a reçu deux photographies numériques sur son adresse mail et celles-ci ont pu être téléchargées en moins de deux heures. Si ces photographies avaient été envoyées par voie postale, il aurait fallu attendre au moins deux jours avant de les recevoir. La photographie numérique permet la prise de vue de multiples photographies à moindre coût et surtout une certitude du rendu de celles-ci car visionnées en l'instant.

Je ne suis pas convaincue par ces arguments élémentaires : privilégier la quantité à la qualité n'a jamais été bénéfique. N'est-ce pas la rareté qui crée la valeur ? La photographie analogique oblige à ne conserver que le meilleur et ainsi perdurera-t-elle.

Le minitel, une invention magnifique antérieure à internet valorise l'ingénierie française et la supériorité commerciale américaine.

Je ne peux m'empêcher de repenser à ma première expérience internet, en groupe devant un ordinateur : nous essayâmes alors de trouver un thème à rechercher sur le réseau, en vain. Cette toile tant vantée m'avait alors parue bien inutile et chronophage.


Nous parlons longuement ensemble. Cette soirée me réconforte, l'avenir me réapparaît attrayant ; il est vrai que le xxie siècle s'annonce prometteur : les concepteurs des ordinateurs avaient bien prévu que nous atteindrions cette fameuse année 2000 et, bien heureusement, la station MIR continue de tourner sur son orbite, loin de Paris. L'apocalypse du changement de millénaire n'était qu'une superstition. Les grandes guerres et tragédies ne semblent plus pouvoir se reproduire et la crise économique arrive enfin à son terme. La courbe du chômage décline progressivement et les peuples semblent enfin pouvoir, ou plutôt vouloir, cohabiter entre eux.

Le renouvellement politique se poursuit : le premier ministre Lionel Jospin est intègre, intelligent et agit pour la France. Enfin, la dette de l'État, ce problème endémique se réduit. La prochaine échéance présidentielle est proche et nul doute que Lionel sera facilement élu président de la République française pour le bien de tous et de la France.

## Déambulation administrative

Après mon voyage, je ne suis pas mécontent de retrouver mon petit chez-moi, on est tellement bien au calme.

Je décrirai cette aventure asiatique en fin d'ouvrage, quiconque sera intéressé pourra la découvrir à tout moment.

Je ne sais si ce voyage en Chine a formé ma jeunesse, mais je comprends enfin le mot jeunesse.

À tout prendre, la jeunesse est précieuse.


Peu après mon retour, j'ai la joie de recevoir un appel de mon amour, ma nymphe ; elle me propose de la rejoindre ce soir dans un bistro parisien. Je sors immédiatement la retrouver, heureux qu'elle ne m'ait pas oublié.

Qu'est-ce que je l'aime !

Sur place, nous discutons beaucoup de nos lepersades, exhalant ensemble l'avenir ; inopportunément pas de notre avenir ensemble. La chaleur du lieu réchauffe les cœurs et soigne les douleurs. Nous nous quittons tard le soir, attristés que le temps ne s'écoulât immuablement et seulement continûment ; ce moment de partage me parut bien court en comparaison de la durée effective. Je me retiens involontairement de l'embrasser, je n'arrive pas à me débarrasser de cette sensation étrange de ne pouvoir me contrôler.

Mes membres flageolants m'empêchent toute initiative et me laissent pantois, voire bêta.

L'épris, bien qu'estimable, peut n'être guère éclatant.

J'espère qu'Églantine ne m'en tiendra pas rigueur. Si ma belle m'affectionne comme un frère, sait-elle déjà que je suis l'homme de sa vie ?

En rentrant seul dans les transports en commun, encore attendri, je me rassure en pensant que notre idylle vaut bien un amour qui éclatera assurément sous peu. Cet amour durera une vie, nous pouvons bien l'attendre un peu.

––––––––––

La réalité reparaît et un nouveau stage débutera bientôt. Pour cette fois, il sera formellement en adéquation avec mes études de physique. Il s'agit d'un stage au centre de recherche EDF à Chatou. Je devrais étudier la mécanique des fluides entre eau chaude et eau froide.

Le premier jour, je retrouve mon maître de stage, un homme brillant. Après les salutations d'usage, il me présente les installations du site. Des futurs barrages sont reproduits dans de grands bassins où des machines à vagues testent la résistance de ceux-ci. D'autres hangars permettent de constater les interactions entre les courants d'eau chaude et d'eau froide à travers de nombreux tubes se croisant, chacun ayant un coloris spécifique. Tout ceci est bien impressionnant et ludique.

Mon tuteur m'explique le fonctionnement de ces cylindres. Je devrais réaliser une expérience qui n'a encore jamais été effectuée dans le monde, un courant d'eau froide circulant entre deux courants d'eau chaude ; cette expérience est excitante.

Les jours suivants, je me familiarise avec les processus et effectue le projet avec enthousiasme. Je travaille dur les journées et il est tard quand je quitte le centre de recherches. J'écris un rapport détaillant les résultats obtenus et les étapes ayant permis l'obtention de ceux-ci. Il aura fallu trois journées entières pour terminer ce travail et je suis fier du résultat.

Le lendemain, à l'arrivée de mon responsable, je lui présente enthousiaste mon rapport et il en est très satisfait quoiqu'une mise en forme soit à créer car il ne serait pas présentable en l'état. Je passe donc mon après-midi à fignoler l'apparence de celui-ci. Je découvre et teste toutes les possibilités du traitement de texte et les exploite au maximum. Je dote chaque paragraphe d'une police, d'une couleur et d'un style différent. Mon nouveau document est superbe.

Je le présente fièrement le matin suivant mais on me rétorque autoritairement qu'il ne correspond pas aux attentes : il serait illisible. Le rapport doit-être simple et facile à lire.

Ma déception et mon désaccord sont de taille. Par provocation, je le modifie à l'extrême inverse pour montrer ma contestation. Mon dossier devient triste et classique, avec une seule police et aucune couleur.

Il est parfait me dit-on.

Je montre ma désapprobation mais ne dis rien, je ne suis pas le destinataire de ce rapport.

Il me reste encore trois semaines de stage à effectuer mais ayant terminé la tâche qui m'incombait, je n'ai plus de travaux à réaliser. J'avertis mon collègue qui me dit que j'ai été particulièrement rapide et qu'il allait réfléchir à une activité à me proposer. En attendant, je visite le site et découvre de grands hangars comportant de grandes maquettes de barrages soumises à des vagues artificielles plus ou moins importantes permettant de tester la solidité des maquettes. Si celles-ci résistent, les ingénieurs peuvent appliquer l'habile règle de trois et reproduire les barrages à échelle réelle.

Le jour suivant, mon responsable me montre un logiciel conçu par EDF où un saumon doit remonter une rivière et franchir des obstacles naturels ou non. Il m'explique que ce jeu reflète la réalité car les barrages construits ne doivent pas empêcher les saumons de remonter les rivières et pondre aux sources. La difficulté du jeu est progressive, les dernières entraves sont d'une hauteur significative et il est difficile de sauter aussi haut. Pas facile la vie d'un saumon. Je réussis tout de même à franchir tous les obstacles avant la fin de mon stage et finis le jeu.

Je suis fier de moi, j'ai réussi avec brio mes deux premières expériences dans le monde de l'entreprise.

Je peux commencer confiant ma carrière de chercheur en économie, Cela promet d'être passionnant.

Je reprends la fac dans quelques jours.

Enfin, mon aventure à la faculté recommence, je suis ici chez moi, cela fait quatre années que je fréquente l'endroit.

Durant ma première inscription, j'ai cru revivre la réédition des douze travaux d'Astérix avec la redoutable épreuve consistant à ramener un laissez-passer dans la maison qui rend fou. La rumeur prétend qu'il n'existe pas de sélection à l'entrée de l'université, pourtant, s'inscrire administrativement est loin d'être à la portée de tous.

À Nanterre, l'inscription se fait bâtiment A, au nord de la fac. À mon arrivée sur les lieux, lors de ma première inscription, j'avais marché dix bonnes minutes pour me rendre à ce bâtiment. J'ignorais que ce jour-là, nous ne pouvions pas entrer dans cet édifice de l'extérieur mais qu'il nous fallait passer par le bâtiment E, situé au sud de la faculté, les bâtiments de A à E étant accolés. Je revenais donc sur mes pas pour traverser ces bâtisses. Alors que je parcourais les locaux E, D, C, B et A, beaucoup de monde vaquait à me solliciter pour m'inscrire à un syndicat, un parti étudiant ou une mutuelle. Il paraît que la mutuelle est obligatoire pour les étudiants ; à l'époque, fraîchement débarqué du lycée, j'ignorais jusqu'à ce mot commun. Les discussions furent longues car les démarcheurs insistaient, et les bons de réduction pour deux cheeseburgers en cas d'adhésion ne me convainquaient pas.

Longtemps après, j'arrivais enfin au bâtiment A où il ne me restait plus qu'à attendre devant l'accueil. Quand vint mon tour, on me rétorqua qu'une inscription préalable au bâtiment G, à l'est de l'université était obligatoire. Après mon soupir, on me demanda si je disposais bien de mon chéquier et de ma carte d'identité en plus de la liste des papiers administratifs nécessaires. Heureusement, j'avais préparé avec soin, longtemps à l'avance, tous les documents demandés.

Je repassais de nouveau à travers tous les bâtiments en ne laissant plus personne m'expliquer leurs babélismes. Je trainais ici depuis deux heures et il fallait que je me dépêche car la faculté allait bientôt fermer ; mon avenir était en sursis. Je me rendis donc au bâtiment G, puis le E pour terminer par le A. Enfin, j'arrivais à finaliser mon inscription avant le temps imparti. Victoire ! J'étais apte à devenir étudiant.

Mon année scolaire commence donc et je suis enthousiaste. Je découvre mes nouveaux camarades, la plupart viennent du secteur économique pur, et effectivement, ce DEA est beaucoup plus marqué au niveau économique que mathématiques. Je pâtis de graves lacunes, y compris en mathématiques dont je connais beaucoup mieux la théorie que la mise en pratique. Afin de rattraper mes retards, mes professeurs me conseillent quelques ouvrages, notamment ceux détaillant le modèle de Solow. Robert Solow est un brillant économiste américain contemporain qui a reçu le prix Nobel d'économie en 1987. Son modèle économique, basé sur des fondements mathématiques, établit l'hypothèse classique du rendement marginal décroissant des facteurs de production que sont le capital et le travail : plus la quantité de ceux-ci augmente, plus leurs rendements productifs diminuent.

Dit autrement, plus le capital ou le travail sont importants, moins la production de capital en pourcentage de ceux-ci est importante (mais la production augmente en valeur absolue).

Pareillement, plus le capital est important, moins la consommation en pourcentage du capital est importante (la consommation augmente tout de même en valeur absolue). En revanche, la dépréciation du capital serait, elle, strictement proportionnelle au capital.

L'écart entre la production et la consommation plus la dépréciation détermine la variation du capital.

Ainsi, si le montant de la consommation et de la dépréciation est supérieur à la production, le capital disponible diminue. La production, la consommation et la dépréciation diminueront par la suite car il est supposé que ces facteurs soient fonctions du capital (qui a diminué). En revanche, le capital restant diminué permettra·en proportion une plus grande production car celui-ci admet, comme vu précédemment, un rendement marginal décroissant. Ainsi, le capital et le travail produiront davantage que la destruction induite par la consommation et la dépréciation (le taux marginal de la dépréciation ne variant pas en fonction du stock de capital contrairement aux autres facteurs). Le capital ré-augmentera alors jusqu'à obtenir un rendement marginal (avec le travail) trop faible par rapport à la consommation et la dépréciation, car le capital trop élevé. Le stock de ce dernier diminuera donc de nouveau jusqu'à obtenir un rendement marginal (avec le travail) équivalent à celui de la consommation et de la dépréciation réunies. Aussi, avons-nous à long terme un équilibre sans croissance.

Mais bien sûr, c'est cela, je viens de rattraper un semestre d'enseignement, simplement :

la production du capital est supérieure à la consommation et à la dépréciation quand le montant de capital est faible, ce qui implique une augmentation du capital ;

la production du capital est inférieure à la consommation et à la dépréciation quand le montant de capital est élevé, ce qui implique une baisse du capital ;

ces deux postulats impliquent une stabilité du capital à long terme, les rendements respectifs étant alors équivalents.

Enfin, comme ce résultat devait sembler douteux à Robert Solow et surtout non acceptable (on ne pouvait imaginer une économie sans croissance), ce chercheur a ajouté une variable nommée « A » qui permet au modèle un accroissement de la production à capital constant. « A » pourrait représenter le facteur que l'on désire. Robert Solow l'a appelé « progrès technologique ». Tous les professeurs chercheurs peuvent être favorables à la recherche ; d'après leurs dires, ce sont les garants de la croissance économique.

Du fait du rendement décroissant marginal du travail, plus la population augmente, plus la production augmente en quantité, mais plus elle diminue par habitant. Cela est vérifié empiriquement dit-on ; généralement, plus le taux de croissance démographique d'un pays est important, plus le PIB par habitant de celui-ci est faible.

C'est vrai, mais à la vérité, je ne comprends pas le lien entre le modèle et ce constat. Comparer le taux de croissance démographique avec l'évolution du PIB par habitant aurait été peut-être plus adéquat. Mystère. Une faible richesse par habitant peut aussi inciter une population à s'accroître pour pouvoir justement augmenter sa richesse et une richesse élevée peut augmenter l'espérance de vie et inciter à moins enfanter ; ou pas.

Il est difficile d'établir la cause et la conséquence entre deux variables corrélées.

Solow ne fait pas de lien entre les ressources naturelles, la monétarisation ou tout autre facteur potentiel avec la production ; il a reçu le prix Nobel de l'économie ; tous les professeurs gargarisent ce modèle. Je ne vois pas pourquoi je ne serais pas nobélisé sous peu plaisanté-je.


En attendant, même lieu, même temps, autres mœurs. Les étudiants ne sont pas toujours sympathiques. Ici, en tout cas, ils ne sont pas solidaires. Il n'est pas facile de rattraper un cours paressé. Peu acceptent de partager leurs notes et les livres à la bibliothèque restent souvent monopolisés. À défaut de m'y associer, je comprends ces agissements ; peu d'entre nous obtiendront une bourse en fin d'études et pourront effectuer une thèse rémunérée. Le système pastiche indirectement les concours et les étudiants le savent bien : le savoir n'est plus partagé et certains essaient de gagner les faveurs de leurs professeurs. Personnellement, il me faut du temps pour comprendre l'importance du relationnel ; ce n'est pas mon fort et il est trop tard pour modifier mon comportement, d'autant que je n'en ai nulle envie.


Poursuivant mon année, je rencontre Marie-Caroline avec qui je tisse des liens d'amitié. Cette jeune étudiante me propose de travailler ensemble afin que je l'aide en mathématiques ; en contrepartie, elle m'aidera en économie. Ma camarade est peu appréciée des étudiants et je suis peut-être son seul ami. Le major de la promotion, sûr de lui, me dit qu'elle extravague souvent et n'est guère intéressante. Elle représenterait le traditionalisme conformiste archaïque type, influençable, sans personnalité ni charisme.

Marie-Caroline conteste régulièrement les méthodes et préceptes des professeurs. Des discussions âcres s'engagent régulièrement entre eux. Elle remarque notamment que les chercheurs déterminent les propriétés intrinsèques aux modèles économiques par des hypothèses ayant pour finalité d'atteindre un équilibre à long terme ; cet équilibre attestant la solidité du modèle. Or, la réalité nous apprend que les variations cycliques des économies sont récurrentes. La conception d'hypothèses devrait être postérieure à la réalité et non conçue par convenance modélisatrice.

Le rien n'est-il pas préférable au faux ?

Marie-Caroline est travailleuse et consciencieuse, mais au vu des critiques véhémentes émises envers l'institution universitaire et les enseignants, au vu de ses idées politiques, sans doute n'arrivera-t-elle jamais à obtenir une bourse de fin d'études.


Un midi, je la croise devant le restaurant universitaire, distribuant des prospectus avec un camarade militant pour l'UNI, un syndicat étudiant que l'on dit proche de l'extrême droite.

Derrière eux, des jeunes hommes encouragent vivement les passants à jeter directement le tract reçu dans l'un des sacs-poubelles qu'ils tiennent ; le fascisme ne passera pas à Nanterre, voilà où doivent se retrouver les ordures. Si le benjamin

42

accompagnant Marie-Caroline semble fort intimidé par la meute et se tait, la miss s'indigne et apostrophe les criards en arguant que même en cas de désaccord, la moindre des politesses serait de l'écouter parler. Les jeunes ne semblent pas lui prêter attention et hurlent de plus belle : « pas de fachos dans les quartiers, pas de quartier pour les fachos ».

Ne sachant comment réagir, un instant démunie, Marie-Caroline se ressaisit : Relevant énergiquement son côté républicain, elle continue à distribuer ses tracts avec vigueur.

En vain, tous les étudiants qui se rendent au restaurant universitaire jettent tout sourire le papier dans un des sacs-poubelles mis à leurs dispositions, sans même y jeter un œil.

L'agitation de ce spectacle m'hypnotise. Je reste à observer la scène, figé, sans savoir si la situation est drolatique ou pathétique. Je choisis le côté drolatique.

Je me ressaisis alors et me dirige vers le restaurant universitaire. Par solidarité, un sourire en soutien, je saisis un tract que me tend Marie-Caroline.

— Merci me répond-elle doucement.

Les jeunes derrières agitent aussitôt leurs sacs plastique devant moi et me crient encore et encore de jeter ce torchon. Pris entre deux feux, je ne dis rien et rentre rapidement manger, avec le tract à la main.

Par curiosité, j'examine le feuillet tant controversé ; ce n'est pas vraiment une ode au fascisme mais il est vrai que certaines idées peuvent paraître vraiment liberticides. La mise en place d'un gardiennage de nuit sur le campus de l'université est mentionnée en exergue, c'est dire.

Plus tard, j'entends dans un couloir Marie-Caroline et son camarade se désolant que l'on puisse les traiter de fascistes.

Je préfère ne pas les déranger et retourne à l'amphithéâtre.

## Déambulation universitaire

Après une courte sieste, je passe le reste de ma journée à avancer sur mon mémoire de recherche.

Les publications qui traitent de mon sujet s'avèrent intéressantes et précises, les comprendre et les synthétiser constituent un défi. Chaque publication possède une liste de références qui me permet d'approfondir ma connaissance du sujet. Chaque référence possédant elle-même une liste de références, le travail à effectuer est titanesque. Heureusement, les références s'auto-référençant, ce travail connaît une fin.

Marie-Caroline me parle souvent de ses réflexions : la science économique ressemble à une science exacte, les chercheurs fixent une ou des hypothèses, créent un modèle, testent ce modèle de manière scientifique avec les moyens et les résultats dont ils disposent, puis confirment ou infirment, partiellement ou non, le modèle élaboré. Ce modèle sera considéré comme vraisemblable, puis rapidement vrai au sein du milieu, car souvent repris, jusqu'à ce que la réalité ne le contredise trop ouvertement. Nous devons alors expliquer pourquoi nos prédictions se sont révélées inexactes. Ce travail est peut-être le plus intéressant, il en va de la crédibilité de la profession. J'apprendrai plus tard qu'il en va de même pour bon nombre de sciences, de l'histoire à la médecine. Nous devons expliquer avec certitude pourquoi ce que nous expliquions assurément tantôt était faux.

La conviction forge la crédibilité.

La manière de procéder la plus rigoureuse serait, dit-on, le raisonnement a posteriori. Nous constatons des faits et nous échafaudons une explication à partir de ces résultats. Si ces faits ont été mal ou insuffisamment observés ou se modifient dans le temps sans que l'on connaisse encore la raison, il faudra alors modifier plus ou moins fortement la théorie, ce qui permettra d'effectuer une nouvelle publication avec la preuve scientifique de la nouvelle vérité.

Le raisonnement a posteriori est difficile pour les sciences sociales, mais aussi pour les sciences réputées exactes ; chacun possède des convictions fortes et souhaite souvent, de bonne foi, que ses conclusions soient celles de son intuition plus ou moins raisonnée.

Plus un modèle est complexe et élaboré, plus il est facile d'obtenir les résultats ou conclusions souhaités : les erreurs s'accumulent et peuvent se compenser. Le géocentrisme est un exemple frappant : si le jour et la nuit sont des faits qui pouvaient être expliqués par le fait que le soleil tourne autour de la Terre, le manque de précision des résultats, comme la distance de la Terre avec les autres planètes ou les prévisions des prochaines éclipses solaires, effritait au fur et à mesure des observations astronomiques ce principe admis. Une nouvelle théorie plus complexe, mais davantage conforme aux observations s'est alors élaborée : chaque planète tourne selon un mouvement circulaire uniforme sur un cercle appelé épicycle, le centre de chaque épicycle est lui-même en rotation sur un cercle plus grand centré sur la Terre : le déférent. Malheureusement, à l'identique du modèle original, plus les observations se précisaient, plus ce modèle se décrédibilisait. Pour y remédier, les astronomes réintroduisirent de nouveaux mouvements circulaires aux planètes sur ceux déjà existants, encore, encore et encore. Les chercheurs ne remettaient pas en cause le postulat de base : le soleil tourne autour de la Terre.

Enfin, Copernic, puis Galilée proposèrent un modèle héliocentrique. Ce modèle fut naturellement rejeté par leurs pairs : il était simple et non intuitif pour l'époque. D'autant plus que les scientifiques d'alors ne voulaient pas se décrédibiliser, eux, leurs sciences et Aristote. Galilée, à l'instar de ses collègues scientifiques, qualifia à son tour de puérile l'idée d'une attraction mutuelle entre les eaux des mers et de la Lune proposée par Kepler, cette idée rappelant trop la symbolique astrologique.

La sagesse se nourrit de doute et d'humilité mais se jauge par l'orgueil et la conviction.

Les puissants savants qui désavouèrent Galilée sont actuellement considérés comme d'obscurs théologiens ; aujourd'hui, quiconque critiquerait la théorie du « Big Bang » serait considéré de même. Il est admis que les galaxies s'éloignent les unes des autres, concluant une extension de l'univers.

La modélisation des observations s'avère réaliste nous dit-on, pour ce faire, les scientifiques ont inventé deux éléments hypothétiques aux caractéristiques arrangeantes, la matière noire et l'énergie noire, facile.

Si toutes les galaxies étaient attirées par un gigantesque trou noir par exemple, les galaxies les plus proches aspirées de façon plus rapide que celles éloignées, alors toutes les galaxies s'éloigneraient les unes des autres, tel qu'observées aujourd'hui... sans besoin d'énergie noire. Au fond, l'univers rétrécit peut-être.

Les temps changent, les hommes restent immuables.

Les économies des pays sont fluctuantes et cycliques. En science économique, les modèles avancés induisent systématiquement (peut-être) un équilibre à long terme. Personne n'y trouve à redire même si cela est en parfaite contradiction avec la réalité. Il est vrai que le facteur irrationnel humain, actuellement non modélisable, contribue plausiblement, possiblement pour être exact, à ce non-équilibre. Mais je crois surtout qu'une économie chaotique ferait peur à la rationalité et à l'utilité des chercheurs. Elle serait alors non modélisable.

Si notre observation n'est ni intuitive, ni explicable en l'état et visiblement non contestable, les chercheurs peuvent toujours inventer un nouveau terme, qui, à défaut d'expliquer ce qu'ils constatent, le décrira. Exprimer qu'un objet tombe du fait de la gravité exercée par la Terre n'explique pas pourquoi cet objet tombe, tout juste nomme-t-il le phénomène.

Ce que me dit Marie-Caroline devrait me faire réfléchir, mais je préfère dormir car il est tard.

Mon sujet de mémoire porte sur les prophéties auto-réalisatrices. Les prédictions des économistes finissent par se réaliser car ces prophéties sont anticipées par les forces capitalistiques. Aussi, le résultat d'un modèle deviendrait une variable endogène, quel que soit ce modèle. Un exemple était qu'une prévision de croissance établie grâce à des variables a priori complètement indépendantes à cette croissance, comme la fluctuation de taches solaires, engendrait un impact sur cette croissance.

Mon sujet n'est pas un succès envers tous les professeurs et, si certains m'encouragent à poursuivre, d'autres, plus nombreux, insistent sur le ridicule du sujet. Pourtant, ne disent-ils pas eux-mêmes que le pessimisme ou l'optimisme des acteurs jouent sur les investissements et donc sur la croissance ? Je persiste sur cette idée.


Mes examens semestriels sont terminés. Si la plupart de mes notes sont très correctes, je n'ai obtenu que cinq sur vingt à un examen, ce qui est une note éliminatoire car en dessous de huit. Je devrai passer le rattrapage oral.

Je révise donc mes cours, me sens prêt et l'oral se déroule comme je le souhaitais. J'ai le sentiment de maîtriser le sujet qui m'a été donné et je ne suis pas repris par mon professeur. J'apprendrai plus tard, décontenancé, que je n'obtiendrai pas la note minimum obligatoire, ni de ce fait mon diplôme. Je ne deviendrais pas thésard. Le prix Nobel d'économie sera pour une prochaine vie.

Nous sommes maîtres de notre destin, avais-je décidé, mais visiblement, une seule personne peut détenir le pouvoir, en un mouvement, de bouleverser celui-ci.

———————

Las, à tout malheur quelque chose est bon. Maintenant je dispose de temps, j'en suis bien content, pépère aptère. Je vais pouvoir me reposer et peut-être, si elle le peut, accompagner davantage Églantine.

En attendant, je m'enmidors car ce soir je me rends à une soirée métal.


Arrivé sur les lieux, je retrouve mes amis. Malgré le monde et l'animation, nous ressentons une ambiance paisible et active, tel un hall de gare. Plus nous approchons de la salle, plus le son se fait fort. À l'intérieur, une forte odeur de fumée imprègne le lieu rempli d'originaux, ici conformes. Des hommes à cheveux longs, ventre bedonnant, tatoués, percés, sont habillés tout de noir. Des femmes à cheveux courts, ventre plat, tatouées, percées sont habillées tout de noir.

Un groupe joue un son lourd, grave et puissant. La voix est rauque, les paroles incompréhensibles, oppressantes. La foule reste calme, s'imprégnant de cette ambiance glauque et placide. Je m'approche des artistes. Devant, c'est la cohue : bousculades, coups d'épaule et sauts incontrôlés. Les gothiques s'en donnent à cœur joie. La liesse sans la gaîté. Je me fonds dans la fosse et me défoule tel que jamais. L'ivresse triomphe et, dans le vacarme de guitares saturées, un concile charnel se crée entre nous tous.

Il fait chaud et humide. L'odeur de cigarette et de cannabis recouvre le parfum de sueur et de moiteur. Une bagarre éclate, un grand vide se crée subitement autour d'elle. Une fossette se fend, des filles arrivent à séparer les protagonistes, la cohue repart de plus belle. Plus loin, les amoureux se bécotent tendrement et remuent instinctivement sur le rythme lent des accords.

Je devise avec plusieurs intervenants pogotiques et philosophe visiblement inintelligiblement à propos des grunges, metalleux, rastas, babas, bourgeois, paysans ou prolétaires. Bien que contrastant dans la forme, ils ne se dissemblent pas sur le fond : chaque individu étant de toute façon très différent des autres de son groupe, il peut l'être moins de celui d'un groupe différent.

Je me fais énergiquement rabrouer. Le métal ne fait pas parti d'un groupe, nous ne pouvons pas comparer le gothique à la fusion, le heavy au death metal et encore moins au hard rock. Les univers de ces individus n'ont rien à voir, c'est un manque de respect ou de connaissance. Nous débattons un moment sur les origines et la philosophie de chaque mouvement. Persistant, je reste malgré tout persuadé qu'en dehors du vestimentaire, de la coiffure, du vocabulaire, de certaines idées précises et peut-être de l'intonation du phrasé, il serait bien difficile de distinguer un rasta d'un grand-bourgeois. La plupart de ces cultures sont d'ailleurs endogames, ce qui montre bien leurs similitudes.

Il est tard et je salue chaleureusement mes acolytes. Sur le chemin du retour, je pénètre dans un café et commande un expresso. Ce café est un leurre, comme la plupart de ses confrères, il ne sert plus de boisson chaude le soir. Je rentre méditer au calme.

Il est dommage qu'Églantine n'ait pu m'accompagner, je suis persuadé que cette soirée l'aurait ravie.

Ce chouette charivari me requinque !

———————

Mon énergie retrouvée et l'avenir à nouveau radieux, nous nous rendons le lendemain avec des amis contester le voyeurisme sociologique et la remise en cause insupportable, moins d'un an après son introduction, des trente-cinq heures, la pratique de tests sur les rats de laboratoire et le retour à l'esclavage. Avec un groupe de sept, nous nous rendons à la Plaine Saint-Denis où une maison de détention pour personnes consentantes s'est nouvellement créée au sein de studios de télévision. Dénommée cyniquement « loft-story », regardée ou commentée par tous, cette maison reçoit toute notre désapprobation : nous voulons manifester notre besoin de liberté et couvrir d'opprobre ce lieu du mal.

En quête d'œufs à lancer, nous demandons à des passants où nous pourrions trouver une supérette afin d'effectuer des emplettes. Ces passants ne semblent pas du coin car ils ne comprennent pas nos dires. Nous marchons donc au sein de la ville et trouvons un homme que nous questionnons afin de savoir où se trouve l'épicerie la plus proche. Bien qu'ignorant la réponse, il nous propose de poser la question à son frère se trouvant juste derrière lui. Le contournant, nous apercevons une dizaine d'hommes noirs imposants discutant entre eux. Ne pouvant discerner le frère qui nous était indiqué, nous posons alors la question au collectif.

— Il y a un reubeu au bout de la rue, nous répond-on.

Une fois entrés au sein de la coopérative familiale, j'insiste pour que nous achetions des œufs bio, l'écologie passera avant la pingrerie.

En sortant, nous croisons une association récoltant des denrées pour les familles victimes d'une récente intempérie. Un peu gênés de ne pas participer à cette bienfaisance, nous dissimulons nos achats fraichement effectués. Entre ces deux engagements, nos cœurs balancent mais nous décidons de ne pas nous disperser.

Enfin, nous sommes de retour sur le lieu de l'ignominie. Entouré de grands murs en tôles ondulées jaunes, le bâtiment fait peur, d'autant qu'il est protégé par un service de sécurité conséquent. Hésitants, nous nous regardons un instant avant que l'un d'entre nous ne se décide à agir, rapidement imité par tous : nous projetons courageusement les œufs en direction de la prison télévisuelle dorée.

Nous sommes repérés : une course folle s'ensuit pendant laquelle nous nous dispersons. Je me retourne. Pas de chance, je suis poursuivi par un des gardiens. Je dispose de quelques mètres d'avance, je cours le plus rapidement possible, j'escalade en hâte le portail permettant de sortir de la zone. Mon poursuivant ne se donne pas cette peine, il sait que celle-ci peut s'ouvrir grâce à la poignée. J'ai perdu trop de temps, je suis rattrapé, plaqué au sol et attaché avec ma ceinture.

Conduit manu-militari dans leur local, je vois arriver un à un mes compagnons d'infortune. Je suis rassuré on se sent moins seul à plusieurs : seuls deux de mes compagnons ont réussi à échapper aux cerbères.

Cernés et embastillés, nos tortionnaires nous obligent à nettoyer le site sous peine d'alerter les autorités. Nous discutons beaucoup et longtemps avec nos geôliers et tentons de les convaincre du bien-fondé de notre action en avançant nos nombreux arguments ; nos surveillants nous somment de nous taire mais nous n'abdiquons pas, nous continuons à les sermonner.

Enfin, notre action est un succès. Relativement peu de temps passe avant que les gorilles nous clament de décamper : la ferme, nous disent-ils, dégagez et arrêtez de nous saouler, bande d'imbéciles.

Cette incursion est un succès, cette télé-poubelle disparaîtra sous peu, aucun doute là-dessus, la télé réalité s'éteindra par elle-même.

Je n'ai pas la télévision mais la curiosité scientifique est présente. Il faut que je me dépêche, je dois retourner chez mes parents pour voir ce à quoi ressemble cette émission dont on parle tant avant sa dernière diffusion.

Sur le chemin du retour, alors que je suis concentré sur la route, un flash rompt un instant ma bonne humeur. La vitesse sur les quais de Seine est limitée à cinquante kilomètres heures car les pouvoirs publics estiment que ces quais se situent en ville. Pourtant, il n'y a aucune habitation aux alentours et la route est déserte, longue et quasi droite. Je ne vérifie que rarement le compteur, cela me rassure de regarder la chaussée.

Je me demande comment je pourrai payer l'amende de ce dépassement de vitesse de quelques kilomètres heure. Sans compter qu'il ne me reste plus beaucoup de points sur mon permis de conduire. J'ai eu beau contester mes précédentes contraventions en expliquant mon cas pourtant évident à la mairie, à la préfecture et au centre de contestation des amendes, ils n'ont jamais rien voulu savoir et ne m'ont jamais annulé l'amende. Je réfléchis à la conduite future à tenir. À cette cadence, je n'aurai bientôt plus de point sur mon permis de conduire. À l'avenir, je dépasserai systématiquement la vitesse autorisée pour m'obliger à être attentif aux signalements des radars proposés par le ministère de l'Intérieur. Je pourrai ainsi freiner à temps et cela m'évitera bien des désagréments. Si cette stratégie m'oblige à rester concentré, elle s'avère dangereuse sur certaines routes, c'est vrai, notamment les routes départementales où la limitation à quatre-vingt-dix kilomètres heure me paraît quelquefois bien difficile à dépasser. Pourtant, je suis bien obligé de me tenir à cette résolution, je n'habite pas Paris et la voiture m'est bien utile. Dans deux ans, quand j'aurai récupéré tous mes points sur mon permis et que je gagnerai correctement ma vie (« gagner sa vie », quelle formulation !), je recommencerai à ne plus dépasser systématiquement les limitations de vitesse. Tant pis pour les contraventions, j'aurai alors les moyens de respecter le code de la route.

———

Aaah, j'ai du temps pour moi. Je peux en profiter pleinement. Dans mon bonheur, je passe des journées entières avec Églantine. Elle m'a proposé que nous visitions plusieurs musées. J'ai accepté avec plaisir.

De Paris, comme tout Parisien ou proche, je ne connaissais que le Paris éternel : les bistrots populaires en vogue, les boîtes un peu glauques et sélectives à l'entrée, les clochards totalement ivres, les crackés à en entrevoir les os, les quartiers villages, les Champs-Élysées, lieu de rendez-vous de toute la jet-set et de la racaille, les immeubles décrépis, les appartements vétustes, le jeu du stylo qui roule sur le sol tant l'horizontalité de celui-ci s'est détériorée... Les robinetteries sont à refaire, les fils électriques pendouillent, l'isolation est nulle mais le chauffage d'un autre âge est collectif ; les fenêtres doivent rester ouvertes pour ne pas étouffer sous la chaleur.

Bien sûr, l'insonorisation rapproche de son voisinage, la possibilité d'entendre le voisin du dessus poser son verre sur une table permet d'établir des liens durables. De nombreuses fêtes sont organisées chez les particuliers et la participation est obligatoire tant elles paraissent proches. Nous ne sommes physiquement jamais seuls, la population est partout. Les parkings, trop étroits pour garer une citadine ou trop chers obligent à la piétonnisation. Comme tout ce qui est imaginable s'avère proche, cela n'est pas dérangeant.

Plus de cent spectacles journaliers, Paris ville lumière, Paris village, Paris guinguette, Paris canaille, Paris bohème, Paris fauché, Paris la rebelle.

« Ici, c'est Paris », marque encore libre, vive les Supras.

Vu sa petite taille, cette ville n'a rien à envier à sa banlieue.


Avec Églantine, je découvre la face cachée de la capitale. Nous visitons le Louvre, l'île de la Cité, le musée d'Orsay, le Trocadéro et le Petit Palais. J'ignorais que Paris possédait des lieux aussi calmes, agréables et impressionnants architecturalement. On dirait Versailles. Églantine me parle de la France, ses valeurs, sa culture, son histoire et de la symbolique des monuments ; je l'écoute ébaubi, enivré, presque hilote et je savoure.

Je comprends mieux le courage et l'influence que détient à lui seul un individu, le peuple suit facilement un homme convaincant. Montrer l'exemple est le moyen le plus efficace, car moral, d'entraîner ses compatriotes à suivre. Enfin, souvent va-t-on dire.

Je me trouve sur un nuage, ma compagnie est exquise, je découvre un autre visage de Paris, des murs remplis d'histoire, des grands espaces, des œuvres à n'en plus finir. Paris est magnifique.

Je connais maintenant toutes les facettes de la capitale, peut-être aussi bien qu'un touriste.

---

En consultant mon courrier, je reçois une lettre de Yun, ma nouvelle amie coréenne rencontrée lors de mon voyage en Chine, je ne pensais pas que cela me fasse autant plaisir. Cette missive, sans doute écrite en coréen, me fascine. Je n'y comprends rien. Cette écriture s'avère agréable au regard, cela ressemble à un livre de géométrie ou d'astronomie. J'observe encore et encore la lettre tant son contenu me paraît profond. Yun doit sans doute profiter pleinement de sa nouvelle vie. J'en suis heureux.

Plus tard, je lui calligraphie à mon tour une jolie lettre et lui expose ma vie européenne. J'espère qu'elle n'hésitera pas à me redonner des nouvelles. Je rédige en chinois, tout heureux de pouvoir réutiliser cette langue. Pour finir, je recopie soigneusement son adresse aperçue au verso de l'enveloppe. Du moins, cela me semble l'être. Il faudra que j'apprenne le coréen.

Tout va pour le mieux, je souhaite vivre d'amour et d'eau fraîche. Pourtant même glacée, l'eau coûte. Je dois chercher du travail.

## Navigation à l'administration

Je me présente au concours de l'École nationale d'administration. Je me suis très correctement préparée et malgré la maladie de mon père, mes parents continuent à me soutenir dans ce choix.

Les épreuves sont difficiles et variées. Les sujets sont axés analyses et synthèses sur le droit public, l'économie et les rapports entre les pouvoirs publics et la société.

Les oraux se déroulent sans soucis et je profite de cette occasion pour saluer le jury dans lequel je découvre plusieurs amis proches de mes parents.

Je suis naturellement admise et je me rends à Strasbourg pour suivre mes cours. Les nouveaux admis, anciens concurrents, seront nos alliés de demain. Les cours sont intéressants et l'on se rend compte de l'immensité des tâches au sein des administrations. Bien sûr, les étudiants rencontrés sont tous d'une intelligence rare et je ne me sens pas particulièrement supérieure à mes pairs.

À mon grand étonnement, les étudiants sont peu politisés. Le carriérisme et la possibilité de changer régulièrement de secteur avant même la maîtrise de ceux-ci semblent les motivations majeures d'intégration dans cette école. Je me désole du peu de conviction de ma génération.

Je retourne à Paris presque tous les week-ends et je retrouve mon ami Kévin avec qui je m'amuse. J'aide mon père à surmonter les épreuves et le soutiens par ma présence. Je retrouve également Clément et me valorise. Bien sûr, je continue à superviser mes camarades au sein du SDG et ma capacité de délégation permet l'augmentation de notre groupe jusqu'à cent camarades. Je serai en position de force pour intégrer le Parti socialiste.

Au cours de l'année et après d'âpres discussions, les élèves de mon école choisissent le nom de notre promotion. Je milite pour que l'appellation de celle-ci soit celle d'une femme. Très peu de promotions portent le nom d'une femme et je veux clore ce temps oligophrène.

Je propose Olympe de Gouges, femme affranchie du xviiie siècle. Avec l'aide des contributeurs de Wikipédia, rappelons son histoire :

[Devenue veuve, Olympe de Gouges refusa de se remarier afin de rester libre, la loi française interdisait alors à une auteure de publier un ouvrage sans le consentement de son mari. Elle fut entretenue par des hommes et acquit alors la réputation de courtisane. Les hommes considèrent les femmes libres comme des prostituées.

Peu avant la Révolution française, malgré les menaces, les préjugés et les intérêts de l'époque, elle lutta contre l'esclavagisme négrier. Elle écrivit plusieurs pièces de théâtre militantes et monta sa propre troupe.

Olympe de Gouges souhaitait que les femmes fussent associées aux débats politiques et aux débats de société. Elle rédigea une Déclaration des droits de la femme et de la citoyenne, calquée sur la Déclaration des droits de l'homme et du citoyen de 1789 dans laquelle elle affirmait l'égalité des droits civils et politiques des deux sexes, insistant pour qu'on rendît à la femme les droits naturels que la force des préjugés lui avait retirés. La première, elle obtint que les femmes fussent admises dans une cérémonie à caractère national, « la fête de la loi » du 3 juin 1792, puis à la commémoration de la prise de la Bastille le 14 juillet 1792.

Son combat pour les femmes se poursuivit dans ses productions théâtrales, notamment dans Le Couvent ou les vœux forcés (1790).

Parmi les premiers, elle demanda l'instauration du divorce, le premier et seul droit conféré aux femmes par la Révolution. De même elle milita pour la libre recherche de la paternité et la reconnaissance d'enfants nés hors mariage. Elle fut aussi une des premières à théoriser, dans ses grandes lignes, le système de protection maternelle et infantile que nous connaissons aujourd'hui et, s'indignant de voir les femmes accoucher dans des hôpitaux ordinaires, elle demanda la création de maternités. Sensible à la pauvreté endémique, elle recommanda enfin la création d'ateliers nationaux pour les chômeurs et de foyers pour les mendiants. Toutes ces mesures préconisées « à l'entrée du grand hiver » 1788-1789, étaient considérées par Olympe de Gouges comme essentielles, ainsi qu'elle le développe dans Une patriote persécutée, son dernier écrit avant sa mort.

En 1793, elle s'en était vivement prise à ceux qu'elle tenait pour responsables des atrocités des 2 et 3 septembre 1792 : « Le sang, même des coupables, versé avec cruauté et profusion, souille éternellement les révolutions ». Elle désignait particulièrement Marat, l'un des signataires de la circulaire du 3 septembre 1792 proposant d'étendre les massacres de prisonniers dans toute la France, elle le traita d'« avorton de l'humanité ». Soupçonnant Robespierre, selon elle « l'opprobre et l'exécration de la Révolution », d'aspirer à la dictature, elle l'interpella dans plusieurs écrits, ce qui lui valut une dénonciation de Bourdon de l'Oise au club des Jacobins.

Dans ses écrits du printemps 1793, elle dénonça la montée en puissance de la dictature montagnarde, partageant l'analyse de Verginaud sur les dangers de dictature qui se profilait avec la mise en place d'un Comité de salut public, le 6 avril 1793, qui s'arrogeait le pouvoir d'envoyer les députés en prison. Après la mise en accusation du parti des Girondins à la Convention, le 2 juin 1793, elle adressa au président de la Convention une lettre où elle s'indignait de cette mesure attentatoire aux principes démocratiques (9 juin 1793), ce courrier fut censuré en cours de lecture. S'étant mise en contravention avec la loi de mars 1793 sur la répression des écrits remettant en cause le principe républicain, elle composa une affiche à caractère fédéraliste ou girondin sous le titre de *Les Trois urnes ou le Salut de la patrie, par un voyageur aérien.* Olympe de Gouges fut arrêtée par les Montagnards le 20 juillet 1793, jour de l'affichage du texte, et déférée le 6 août 1793 devant le tribunal révolutionnaire qui l'inculpa.

Malade des suites d'une blessure infectée reçue à la prison de l'abbaye de Saint-Germain-des-Prés et réclamant des soins, elle fut envoyée à l'infirmerie de la Petite-Force, rue Pavée dans le Marais, et partagea la cellule d'une condamnée à mort en sursis, Mme de Kolly, qui se prétendait enceinte. En octobre suivant, elle mit ses bijoux en gage au Mont-de-Piété et obtint son transfert dans la maison de santé de Marie-Catherine Mahay, sorte de prison pour riches où le régime était plus libéral et où elle eut, semble-t-il, une liaison avec un des prisonniers. Désirant se justifier des accusations pesant contre elle, elle réclama sa mise en jugement dans deux affiches qu'elle avait réussi à faire sortir clandestinement de prison et à faire imprimer. Ces affiches *Olympe de Gouges au Tribunal révolutionnaire* et *Une patriote persécutée*, son dernier texte, furent largement diffusées et remarquées par les inspecteurs de police en civil qui les signalèrent dans leurs rapports.

Traduite au tribunal au matin du 2 novembre, soit quarante-huit heures après l'exécution de ses amis Girondins, elle fut interrogée sommairement. Privée d'avocat, elle se défendit avec adresse et intelligence. Condamnée à la peine de mort pour avoir tenté de rétablir un gouvernement autre que « un et indivisible », elle se déclara enceinte. Les médecins consultés se montrèrent dans l'incapacité de se prononcer, mais Fouquier-Tinville décida qu'il n'y avait pas grossesse. Le jugement était exécutoire et la condamnée profita des quelques instants qui lui restaient pour écrire une ultime lettre à son fils, laquelle fut interceptée. Elle monta sur l'échafaud avec courage et dignité et s'écrira, avant que la lame ne tombe : « Enfants de la patrie, vous vengerez ma mort ». Elle avait alors 45 ans.

Son fils, l'adjudant général Aubry de Gouges, par crainte d'être inquiété, la renia publiquement dans une « profession de foi civique ». Le procureur de la Commune de Paris, Pierre-Gaspard Chaumette, applaudissant à l'exécution de plusieurs femmes et fustigeant leur mémoire, évoque cette « virago, la femme-homme, l'impudente Olympe de Gouges qui la première institua des sociétés de femmes, abandonna les soins de son ménage, voulut politiquer et commit des crimes [...] Tous ces êtres immoraux ont été anéantis sous le fer vengeur des lois. Et vous voudriez les imiter ? Non ! Vous sentirez que vous ne serez vraiment intéressantes et dignes d'estime que lorsque vous serez ce que la nature a voulu que vous fussiez. Nous voulons que les femmes soient respectées, c'est pourquoi nous les forcerons à se respecter elles-mêmes. »

L'hostilité à l'égard de femmes engagées comme le fut Olympe de Gouges a souvent été le fait d'autres femmes, elle le déplorait déjà en son temps. Elle déclare, dans une de ses pièces de théâtre : « Les femmes n'ont jamais eu de plus grands ennemis qu'elles-mêmes. Rarement on voit les femmes applaudir à une belle action, à l'ouvrage d'une femme. »

Dans le postambule de sa Déclaration des droits de la femme (septembre 1791), elle émet l'idée que l'infériorité contrainte de la femme l'a amenée à user de ruse et de dissimulation : « Les femmes ont fait plus de mal que de bien. La contrainte et la dissimulation ont été leur partage. Ce que la force leur avait ravi, la ruse le leur a rendu ; elles ont eu recours à toutes les ressources de leurs charmes, et le plus irréprochable ne leur résistait pas. Le poison, le fer, tout leur était soumis ; elles commandaient au crime comme à la vertu. Le gouvernement français, surtout, a dépendu, pendant des siècles, de l'administration nocturne des femmes ; le cabinet n'avait point de secret pour leur indiscrétion ; ambassade, commandement, ministère, présidence, pontificat, cardinalat ; enfin tout ce qui caractérise la sottise des hommes, profane et sacré, tout a été soumis à la cupidité et à l'ambition de ce sexe autrefois méprisable et respecté, et depuis la révolution, respectable et méprisé ». Elle exhortait donc les femmes de son temps à réagir : « Femmes, ne serait-il pas grand temps qu'il se fît aussi parmi nous une révolution ? Les femmes seront-elles toujours isolées les unes des autres, et ne feront-elles jamais corps avec la société, que pour médire de leur sexe et faire pitié à l'autre ? »

Marie-Olympe de Gouges sort de l'anecdote de la petite histoire après la fin de la Seconde Guerre mondiale. Elle est étudiée particulièrement aux États-Unis, au Japon et en Allemagne. Son indépendance d'esprit et ses écrits en font une des figures de la fin du xviiie siècle. Elle est considérée comme la première féministe française.

De nombreux articles universitaires et notamment ceux de Gabrielle Verdier (États-Unis) et de Gisela Thiele-Knobloch (Allemagne) ont dégagé l'intérêt de l'œuvre dramatique d'Olympe de Gouges qui aborde des thèmes nouveaux comme l'esclavage (Zamore et Mirza), le divorce (Nécessité du divorce), la prise de voile forcée (Le Couvent) et autres sujets sensibles à son époque.

S'inspirant étroitement de la Déclaration des droits de l'homme et du citoyen, la Déclaration des droits de la femme et de la citoyenne se compose de dix-sept articles, un préambule et un postambule. Il ne s'agit pas simplement d'un contre-projet pour les femmes. Il est clair que la nation est formée par les deux sexes en commun (art. III). Dans nombre d'endroits, Olympe de Gouges a remplacé « l'homme » par « la femme et l'homme », de façon à rendre claire la concordance entre les deux sexes. L'article VII énonce fermement qu'il n'y a pas de droits spéciaux pour les femmes : « Nulle femme n'est exceptée ; elle est accusée, arrêtée, et détenue dans les cas déterminés par la Loi. »

Alors que, dans les articles I et II, les revendications correspondent largement conformément à la liberté, l'égalité, la sécurité, le droit à la propriété et le droit de résister à l'oppression, la notion de liberté chez de Gouges se différencie de la définition antinomique de 1789 (« La liberté consiste à faire tout ce qui ne nuit pas à autrui »). L'article IV stipule en effet que « la liberté et la justice consistent à rendre tout ce qui appartient à autrui ». Ainsi, la liberté est liée à la justice et les femmes veulent moins un accroissement de leurs libertés que les droits naturels qui leur échoient à la naissance.

La Déclaration des droits de la femme et de la citoyenne dévie également de la Déclaration des droits de l'homme et du citoyen dans l'article XI où la liberté de pensée et d'opinion doit spécifiquement permettre, selon de Gouges, aux mères de « dire librement, je suis mère d'un enfant qui vous appartient, sans qu'un préjugé barbare la force à dissimuler la vérité ».

Un principe de base de Gouges est que l'identité des devoirs doit entraîner celle des droits (comme, par exemple, l'imposition) (art. XIII à XV). Olympe réclamait un traitement égalitaire envers les femmes dans tous les domaines de la vie, tant publics que privés : droit de vote, propriété privée, éducation, et exercer des charges publiques... demandant même l'égalité de pouvoir dans la famille et dans l'Église. La phrase la plus célèbre de sa Déclaration est : « La Femme a le droit de monter sur l'échafaud ; elle doit avoir également celui de monter à la Tribune » (art. X)

Toutefois, Olympe de Gouges ne croyait pas en l'égalité des femmes et des hommes. À la différence de la majorité des théories sur l'égalité, elle pensait que la nature masculine et la nature féminine étaient différentes, et que celle des femmes était supérieure en plusieurs points. Cette conviction de deux natures distinctes s'affirme dans le texte précédant la déclaration.

Les hommes qui dirigeaient la Révolution étaient, à de rares exceptions, loin de partager cette approche féministe. Son opposition à la peine de mort, son soutien affiché aux Girondins après leur chute, entre autres, lui vaudront d'être arrêtée et guillotinée le 3 novembre 1793.

Le journal Le Moniteur avertit toutes les femmes qui manifesteraient la prétention de s'immiscer dans la sphère politique : « Elle voulut être homme d'État, et il semble que la loi ait puni cette conspiratrice d'avoir oublié les vertus qui conviennent à son sexe. »

Cette tentative d'affirmation de son identité féminine et la légitime revendication de l'égalité des droits civils et politiques des deux sexes se soldèrent par un échec. ]


Olympe de Gouges n'est toujours pas au Panthéon.

Redécouvrons sa mémoire et son courage.

Son engagement contre la pauvreté, l'esclavagisme et surtout le féminisme juste constitue un combat important et novateur pour l'époque.


Je veux devenir Madame le président de la République française, je deviendrais suffisamment peu vertueuse pour y parvenir.

Cette nomination de promotion m'est importante, je ne veux pas me tromper de stratégie. La majorité des étudiants de l'ENA étant des hommes, je ne veux pas les défier en prônant le féminisme. J'axe alors mon discours sur l'importance de la promulgation de la Déclaration des droits de l'homme et du citoyen de 1789, « credo du nouvel âge ». Ce texte affiche la liberté et les droits de tous, la fin du népotisme et des coteries. Bien sûr, la déclaration est incomplète et imparfaite. Nous devons rendre hommage à celles et ceux qui ont voulu améliorer ce texte au fil du temps.

En vue du vote ultime des étudiants, je prépare longuement ma plaidoirie. Je déclame un texte bref et clair sur l'importance des droits humains universels et leurs contributeurs. Je reçois une salve d'applaudissements en guise d'adhésion.

Je suis très confiante sur la désignation.

Le dépouillement du vote se déroule rapidement. Olympe de Gouges n'obtient que deux voix ; René Cassin plus de cinquante.

Nous nous appellerons promotion René-Cassin, un ancien président du conseil d'administration de l'ENA.

Plus tard, on m'apprendra qu'il a été élu pour sa contribution à la Déclaration universelle des droits de l'homme de 1948.

————————

La phase de préparation aux stages se termine et je commencerai sous peu un noviciat à la préfecture de

Paris. Nous avions un choix à formuler parmi une importante liste de propositions et j'ai postulé pour le plus valorisant et pratique pour moi.

Nous sommes ultra-compétents car ultra-sélectionnés. Le chômage n'est pas un sujet de préoccupation.

C'est émue que je me rends à la préfecture de Paris. J'aurais à charge de faire respecter les lois et les valeurs de la République. Professionnelle, je resterai neutre et ne ferai part en rien de mes convictions. Je montrerai ce que je vaux.

Sur place, une collaboratrice me présente mes bureaux ainsi que mes nouveaux collègues. Ils me saluent tous bien respectueusement. Les présentations sont rapides et je ne retiens pas les noms de chacun des collaborateurs. Je ne sais pas encore quel sera mon rôle exact au sein de la préfecture mais l'on me dit que je déjeunerai ce midi avec le préfet et d'autres étudiants de l'ENA (je devrais les connaître) pour discuter de nos missions respectives.

Les heures passent et mes collègues sortent se restaurer. Je leurs demandes alors s'ils savent quand le préfet passera me chercher pour déjeuner. Ils me regardent étonnés et me disent qu'il faut que j'aille le retrouver à son bureau.

— Pourquoi n'y êtes-vous pas allée à midi tel que nous vous l'avions signalé ?

Comment aurais-je pu le deviner ? Il est midi trente, je demande affolée où se trouve son bureau. Quoique je me perde un peu dans les dédales de la préfecture, je m'y rends rapidement mais je n'y trouve personne.

Je suis très gênée. J'attends un peu devant la porte, debout à regarder les fonctionnaires passer devant moi, puis me décide à aller manger. Tant pis, je le verrai après le repas.

Je mange rapidement et suis de retour à la préfecture vers treize heures trente. Je me rends de nouveau au bureau du préfet, toujours aussi désemplit. Commençant à m'inquiéter, je finis par demander à un homme si le préfet possédait une secrétaire. Il me regarde fixement puis m'indique un bureau. Malheureusement, celui-ci est tout aussi vide. Attendant debout devant la porte un bon quart d'heure, pressée de résoudre ce quiproquo, enfin, j'aperçois la secrétaire marchant nonchalamment. Après lui avoir expliqué mon cas puis demandé à rencontrer le préfet, elle me répond qu'il sera en déplacement tout l'après-midi et qu'il ne sera pas visible avant lundi prochain.

Je retourne déconfite à mon bureau mais, tandis que mes pas avancent machinalement dans les couloirs moroses de la préfecture, je me rends compte que je ne reconnais pas les lieux : je suis perdue. Je retourne à l'accueil de la préfecture pour qu'ils puissent me renseigner sur ma destination mais je ne me souviens plus des noms de ceux qui m'ont accueillie, les présentations ont tellement été rapides... Je décide alors d'explorer toute la préfecture pour retrouver mon bureau. Durant mon tour peu héroïque, j'aperçois un camarade de l'ENA mais j'essaie de l'éviter pour ne pas montrer ma gêne, il m'aperçoit tout de même et m'interpelle :

— Hé Églantine !

Ne pouvant l'ignorer, je lui adresse un signe et finit par le rejoindre.

— Eh bien, où étais-tu passée ? Tu ne devais manger avec nous ce midi ?

Je n'ai pas le cœur à lui dire la vérité. Je lui réponds que j'ai eu un problème personnel et je lui demande comment s'était déroulé le repas.

— Bien ! Le préfet est charmant et le stage s'annonce passionnant. Pour ma part, je suis commis à la rédaction d'un schéma départemental.

— Et pour moi ? Tu sais ce qui m'attend ?

— Aucune idée. Nous n'avons pas parlé des tâches qui te seront confiées.

— Ah, fais-je, dépitée. Dommage. À plus tard.

Je le quitte alors et finis, après une longue marche qui m'a semblée interminable, par retrouver mon bureau. Je me dirige doucement vers la personne qui m'a accueillie et lui demande si je peux aider la structure.

— Je n'ai malheureusement pas le pouvoir de vous confier une tâche, me dit-elle.

Je dois attendre le retour du préfet.


Les journées sont longues et le stress palpable. Le pays a besoin de moi et j'attends ici, à ne rien faire. En l'instant, je voudrais créer mon propre poste afin d'améliorer l'organisation de la structure mais j'ai besoin de l'aval du préfet. J'attends et j'attends que la semaine se termine.


Je ne suis pas mécontente de l'arrivée du week-end. Je veux me changer les esprits, m'occuper au maximum durant ces temps libres et revisiter les classiques dont Paris regorge.

Lundi est un nouveau jour. Je me rends directement au bureau du préfet en espérant qu'il ne sera pas colère que nous n'ayons pas mangé ensemble la semaine passée. Prématurément, je suis arrivée trop tôt, le préfet n'est pas encore là. Après avoir demandée à sa secrétaire de me prévenir immédiatement de l'arrivée du préfet, j'attends nerveusement à mon bureau la sonnerie du téléphone. Je trépigne, impatiente de connaître la suite.

Plusieurs heures passent et je trépigne, inquiète de mon avenir. Enfin, le téléphone sonne et le sous-préfet me reçoit. De bonne humeur, il m'explique ce qu'il attend de moi : j'aurai pour mission de gérer le protocole des visites officielles.

Quiconque ne peut-être haut fonctionnaire : il faut une certaine abnégation au service de l'État.

## Navigation protocolaire

Je me renseigne donc sur les protocoles d'usage, l'organisation d'un repas officiel et le plan de table, l'ordonnancement des discours, par ordre inversé de préséance, le positionnement des autorités durant une cérémonie et le pavoisement. Le protocole est complexe, la particularité de mise. L'organisation de visites officielles est délicate, il n'est pas toujours aisé de connaître chacun des participants et la confirmation de leurs venues. Il faut appeler les mairies, les conseils régionaux ou départementaux, les tribunaux paritaires des baux ruraux, la chambre régionale de commerce et d'industrie, d'agriculture ou de métiers, la chambre départementale de commerce et d'industrie, d'agriculture ou de métier, représentants de l'Éducation et de la Recherche, les services déconcentrés des administrations civiles de l'État, les préfets adjoints, les sous-préfets, les officiers généraux, les membres du Conseil économique, social et environnemental, les conseillers généraux, les conseillers régionaux, les représentants des tribunaux, le président du Conseil économique, social et environnemental de la région, les représentants au Parlement européen, les sénateurs, les députés, les ministres, les ministres d'État et peut-être un jour, la présidence de la République française.

Les services de l'État sont multiples et composites. La France possède une administration puissante, noble et fière. Oui, tel un étron fendant les flots.

Le travail, dense et utile, s'avère minutieux, mais peu passionnant. Malgré tout, je participe activement à l'activité quotidienne du cabinet du préfet et j'étoffe mon carnet d'adresses. Après avoir organisé, puis participé à la cérémonie de réouverture d'un square après travaux, je souhaite explorer un nouvel axe préfectoral. À ma demande insistante, le sous-préfet me confie une nouvelle mission de taille : vérifier les moyens que les administrations auront mis en œuvre pour que la loi du 21 mai 2001 (J. O. R. F. no 119 du 23 mai 2001, page 8175) soit bien appliquée au sein du département.

Renseignement pris, il s'agit de la loi Taubira, reconnaissant la traite et l'esclavagisme comme crime contre l'humanité. Si la loi est évidemment d'importance, je me demande quels peuvent-être les moyens d'application. Travailleuse, je contacte les commissariats de Paris et me renseigne pour savoir s'ils ont pris connaissance de cette loi et la manière dont ils comptent l'exécuter. Si les commissaires paraissent surpris au premier abord par le sujet, bien vite ils se ressaisissent et m'assurent de toute leur vigilance en cas d'infraction à la loi. Nul ne pourra prétendre que la France ne reconnaît pas l'esclavagisme comme crime contre l'humanité sous peine de poursuite.

— Les associations reconnues qui viendront défendre la mémoire des esclaves seront reçues avec les honneurs, m'affirment les commissaires.

Mes réunions avec chacun des commissaires s'avèrent chronophages. Il faut au préalable me présenter et trouver un créneau disponible pour chacun de nous. Mon statut connu, ils me montrent toute la déférence due à ma fonction. Humble, je n'oblige pas les commissaires à se déplacer ; je leur offre cet honneur. Il est bon que les représentants de l'État se montrent proches des exécutants.

L'accomplissement de cette tâche se déroule sur de multiples semaines et me permet d'effectuer un retour rapide au sous-préfet : Les commissaires ont pris connaissance du sujet.

Le sous-préfet ne me remercie pas particulièrement et me demande, avec une placidité excessive qui engendre la gêne, le retour de mes contacts auprès de l'Éducation nationale.

Je me ressaisis et lui rétorque que cela représente la deuxième étape de mon travail que je débuterai sous peu.

— Merci, me dit-il froidement, un geste dédaigneux adressé au vent signifiant que je doive me retirer.

Ma stature rayonnera sur le monde, à l'occasion opportune.


Je contacte le recteur de l'académie de Paris et demande si les académies de la région parisienne ont pris toutes leurs dispositions pour accorder, tel que le définit la loi, « à la traite négrière et à l'esclavage la place conséquente qu'ils méritent ». Le recteur est rassurant : oui, en vrai professionnel diligent, il fera son possible pour que la loi soit appliquée rapidement. Toutefois, il faudra attendre la réflexion d'un groupe d'experts qui discutera du travail didactique du projet sur l'orientation générale du nouveau programme. Ce projet sera ensuite dévoilé au Conseil national des programmes qui devra le valider afin de le présenter au Conseil supérieur de l'éducation. Si ce projet est accepté en l'état, il sera alors soumis à la signature du ministre, puis publié au Bulletin officiel de l'Éducation nationale. Les manuels scolaires seront mis à jour et, dès que les crédits octroyés par l'Éducation nationale au rectorat seront reversés à l'inspection académique puis à chaque collège, ils remplaceront les anciens manuels. Dès qu'une commission aura choisi les experts à missionner et que ceux-ci seront disponibles, le processus avancera assurément.

De même, je rencontre le recteur de l'académie de Créteil et celui de Versailles qui m'assurent de leur coopération.


Je soumets un rapport complet au sous-préfet. La compilation des documents rassemblés comporte plus de cinq cents pages qui récapitulent les moyens mis en œuvre par chaque partie des pouvoirs publics. Je veux également être force de propositions. Pour améliorer la coordination entre les académies d'une même région, je propose de créer un poste de recteur de région académique. Pour animer et implémenter la politique éducative du ministre chargé de l'éducation en liaison avec les recteurs d'académie dans le département, je propose de créer un poste de directeur académique des services de l'éducation nationale.

Mon rapport est une perle !


Ma mission touche à sa fin. Les interactions avec les services décentralisés ou régaliens de l'État provoquées par mes initiatives ont permis la mise en œuvre de la politique publique émanant du plus haut niveau. L'action de l'État, grâce à ce stage institutionnalisé, modestement représentée sur le terrain par ma personne, a également permis de me faire connaître auprès de nombreux acteurs permettant le fonctionnement de la République.

Je suis impressionnée par le respect que peuvent inspirer nos fonctions et je mesure la dimension relationnelle dans le corps préfectoral. La solidarité entre nous n'est pas un vain mot : si un collègue proche n'est pas à la hauteur ou désœuvré, jamais nous n'irions le dénoncer ou remettre en cause l'utilité de sa fonction.

Certains osent prétendre que l'intérêt de l'ENA n'est pas son excellence autoproclamée mais son influence et son réseau. La médisance est la force des faibles, souvent maugréée par les envieux ; n'est-ce pas la seule arme que puissent utiliser ceux qui sortent d'une école de commerce, petite ou grande ? Leur seule préoccupation est de faire reconnaître le classement de leur école et de se confronter à leurs confrères concurrents, commerciaux d'eux-mêmes. Cette engeance se méprise encore davantage que leur mépris affiché envers les ingénieurs ou universitaires, pourtant réelle force motrice de la société quand nous pilotons ces derniers. Seule la liste des anciens élèves et la connivence des places auto-attribuées par ceux-ci en comité exécutif constituent la réelle plus-value de leur cursus. Être habile et surtout obéissant sont les qualités requises pour réussir un simulacre de carrière de régisseur en tant que directeur d'entreprise.

---

Je rends régulièrement visite à mon père : son état n'est pas bon. Malheureusement, la maladie et la douleur font leur effet : il devient aigri et désagréable. Mon plaisir de le voir s'amenuise à mesure que le temps passe. Pourtant, je sais que je vis avec lui nos derniers instants et je voudrais que ceux-ci soient magiques.

Il n'en est rien, bien au contraire, mon respect suit sa déchéance.

Je repars bientôt pour finir ma formation en Alsace et je suis soulagée de reprendre le train pour Strasbourg. Maintenant loin de lui, je m'en veux de posséder des pensées aussi égoïstes, je voudrais souhaiter rester présente près de mon père.

Chaque week-end, pleine d'espoir, je retourne vivre auprès de lui nos derniers instants, mais chaque week-end apporte son lot de déception. Il est dur d'observer l'amoindrissement de la personne aimée et de rester démunie car ne sachant que faire. J'essaie de ne point penser aux reproches récurrents et injustes qu'il me délivre et essaie d'apporter tout l'amour qu'il m'est possible de donner ; il m'est très difficile d'y arriver. Je comprends sa peine, mais ses outrages vis-à-vis de Kévin me font comprendre que son éducation basée sur l'amour, la compréhension et l'acceptation de l'autre n'étaient peut-être que des mots. Était-il vraiment ce qu'il désirait être ?

Mon père aida toute sa vie les classes populaires mais refuse qu'un homme commun, quand bien même réussissait-il à sortir de sa classe, devienne une part entière de la famille.

---

Durant ce temps, la terre tremble : les États-Unis d'Amérique sont attaqués sur leur propre territoire. Le monde entier constate apeuré les conséquences liées à l'orgueil et l'immixtion, de Ben Laden et ses formateurs américains devenus son ennemis.

Le pays le plus puissant du monde mesure le danger potentiel du terrorisme et se décide enfin à le combattre avec attention.

Toutes les actions entreprises par la CIA ne furent pas un succès. Gageons qu'enfin ils réussissent une mission : éradiquer le terrorisme.

---

Mon cursus à l'ENA continue et je dois produire un rapport.

Mes compétences sont telles que même en ignorant les tenants et les aboutissants d'un sujet, je peux en devenir consultante pour le secteur public.

Ma mission s'intitule : « Rédaction d'un rapport de propositions quant à l'impact intermodal sur les flux migratoires hors milieu urbain ».

La meilleure façon de procéder est de commencer sans a priori. Je ne réfléchis pas au sujet.

Je rencontre de nombreux experts : hauts fonctionnaires, présidents de fédération et d'association, chefs d'entreprise... Je commence par demander l'avis de nombreux experts de la SNCF. Le sujet étant nouveau, je suis dirigée de service en service en essayant de trouver la personne compétente. En vain, on me dit qu'il n'existe aucune statistique sur ce sujet.

Après de nombreuses rencontres, enfin quelqu'un me dit que oui, le train a eu un impact sur le flux migratoire. Cet impact est assez significatif et, réciproquement, le flux migratoire a eu aussi un impact sur les lignes ferroviaire.

Je contacte l'association L'Algérie en voyage. La présidente de l'association me confirme que le TGV lui permet de rendre régulièrement visite à sa famille qui se trouve justement hors du milieu urbain. Sans l'efficacité de ce transport, sans doute aurait-elle dû déménager à Niort pour se retrouver près des siens.

Nous en profitons pour discuter de son bien-être en France. Elle est ravie, même si son Algérie natale lui manque. Je lui dis qu'au fond, Noir, Blanc ou Arabe, nous sommes identiques : tous différents. Elle me le confirme et exprime sa solidarité envers l'humanité entière. Nous nous devons d'être indulgents, compréhensifs et aimants ; nul n'est parfait et les défauts de chacun font le charme de tous. Nous sommes frères, l'entraide permet le vivre mieux, pour soi et pour les autres. La distinction de couleur, religion ou la distinction sociale n'est que chimère et les Arabes qui ne comprennent pas que les Kabyles sont leurs égaux ne montre que leur infériorité par leur arrogance.

Un peu mal à l'aise, j'acquiesce souriante et finis les entremets proposés.

Ma mission se poursuit durablement par la rencontre de bon nombre d'experts et de partenaires sociaux. Chacun expose son avis sur le sujet. Je comprends les syndicats ferroviaires réclamant une hausse salariale généralisée, et l'usager une baisse de tarification. La logistique pourrait répondre à ce dilemme en permettant une baisse des effectifs grâce à une meilleure organisation mais il est vrai aussi qu'il ne faudrait pas que le chômage augmente du fait de cette optimisation.

Le sujet est complexe. Je ne sais si je dois axer mon travail sur la désertification de certains territoires, le repeuplement ou la régulation relative à l'industrie du taxi.

Après une mise en forme soignée de mon rapport par une secrétaire, je présente confiante mon sujet au jury de l'ENA.

Quand je finis mon exposé, un silence marquant se produit, chacun des jurés se regarde furtivement, sans mot dire. J'ai fait fort, sans doute sont-ils bluffés par ma prestation.

Un des jurés me demande si j'ai été censurée. Je réponds par réflexe :

— Oui, un peu.

Quand viennent les résultats, je suis parmi les dernières de ma promotion. À mon grand regret, je constate que la misogynie ne disparaît pas des corps d'élite. Je suis abasourdie par tant d'archaïsme et d'injustice. L'ENA doit-elle former les élèves ou uniquement classer ceux-ci de manière arbitraire et les diviser ?

Je demande à voir le directeur de l'ENA pour lui signifier ma colère face aux dysfonctionnements majeurs de l'école. Il me rappelle mon et son devoir de neutralité et me reconduit.

Qu'importe, je ne voulais pas devenir un haut fonctionnaire servile et cupide, je veux faire de la politique.

## Déambulation dans la société

Je ne connais pas le métier qui me conviendrait, mais je trouverai bien. Je recherche donc un travail.

Je rédige donc mon curriculum vitae. Même si le métier recherché est plutôt axé sur les mathématiques, je vérifie et fais vérifier par des amis qu'il ne reste pas de fautes d'orthographe ; c'est important, paraît-il. Je vais utiliser Pôle emploi pour m'aider dans mes recherches. Après une longue attente, un conseiller me montre rapidement où sont les annonces à consulter. L'ambiance est studieuse. Comme je n'ai jamais travaillé, je n'ai pas le droit à l'allocation chômage et je suis trop jeune pour toucher le RMI. Heureusement, il me reste l'argent de ma bourse d'étudiant et l'allocation logement.

J'écris des lettres de motivation manuscrites personnalisées. Si je commets une erreur, je dois recommencer la totalité de la lettre pour éviter les ratures. Je travaille dur.

Cinq entreprises pour lesquelles les offres d'emploi me paraissent intéressantes bénéficieront de la réception d'une de mes missives.

Il ne me reste plus qu'à attendre un retour.


Je dispose toujours de beaucoup de temps, alors je continue de visiter Paris. Cet enrichissement personnel se déroule sur plusieurs semaines. Je me sens vraiment bien mais de moins en moins impavide : je n'ai toujours pas reçu de réponses de la part des entreprises auxquelles j'ai envoyé ma candidature. Ce n'est pas bon signe, mais j'attends confiant.

Plusieurs jours s'écoulent et enfin, je reçois les premiers retours par la poste. Des lettres gentiment écrites me mentent sur la qualité de ma candidature et l'intérêt de celle-ci. Je n'ai pas été sélectionné. Ces lettres finissent par m'assurer de leurs souhaits pour que mes recherches aboutissent. Il faut y croire.

Les lettres reçues cette semaine se ressemblent vraiment beaucoup : de vraies réponses types. Ils ont raison, le temps en entreprise est précieux et cela n'apporte que peu de personnaliser les écrits. Je dois m'adapter et opérer de même, j'inonde le marché du travail avec mon CV accompagné d'une lettre de motivation générique. Je suis rigoureux, travailleur et passionné par le secteur d'activité de l'entreprise et notamment par le poste proposé.

Internet et les mails sont les bienvenus ; j'insère en pièce jointe mon CV et ma lettre de motivation que je transmets aux entreprises. Dès qu'une annonce comprend un mot-clé, j'envoie. Je lirai l'annonce si je reçois un retour de la part de l'entreprise, je les laisse opérer la sélection, je gagne du temps et me conforme aux cadres souhaités par les entreprises : des personnes efficaces. C'est un véritable travail industriel. En une heure à peine, j'ai envoyé plus de vingt candidatures ; en une semaine, je suis passé à cent.

J'ai sans doute envoyé plusieurs fois ma candidature pour la même annonce, j'en ai repéré au moins une sur plusieurs sites, mais ce n'est pas grave : l'entreprise pensera que je suis motivé.

Plusieurs jours plus tard, je décroche enfin mon premier entretien. C'est un poste de statisticien marketing chez Montblanc. Je lis l'offre d'emploi sur internet : ce poste semble passionnant.

Je ne connais pas les logiciels que cette entreprise utilise et les qualités requises sont impressionnantes.

J'espère que je réussirai à ce poste ; j'adore les desserts, j'aurai sans doute droit à des produits gratuits.

Afin d'optimiser mes chances, mon père m'offre un ancien costume qu'il ne peut plus endosser. La première impression est importante.

Arrivé sur place, je n'ai que dix minutes de retard, c'est peu. J'en profite pour fumer une cigarette afin de décompresser, je ne veux pas manquer cette opportunité et je suis un peu tendu.

J'entre dans l'immeuble, le hall est immense et imposant. Je me dirige vers la réceptionniste :

— Bonjour, j'ai rendez-vous avec Madame Dupuis lui murmuré-je.

La réceptionniste, classe et professionnelle, saisit le combiné de son téléphone et, suite à un bref dialogue, me dit que je suis attendu au quatrième étage. Elle me demande une pièce d'identité pour que je puisse la rejoindre. Je ne l'ai pas prise avec moi. La réceptionniste est compréhensive, je lui exprime mes regrets et, après discussion, elle accepte à titre exceptionnel que je lui confie ma carte d'étudiant : la barrière s'ouvre et je monte à l'étage indiqué. Je suis sauvé, j'ai réussi à passer la première étape de l'entretien.

À l'étage, une femme m'accueille assez froidement et me demande si j'ai eu du mal à trouver les bureaux.

Je la rassure en lui répondant que je n'ai eu aucun problème. Elle me regarde bizarrement puis me propose un verre d'eau que j'accepte poliment. Je n'ai pas soif, mais il faut toujours accepter ce verre d'eau, paraît-il.

L'accueil étant glacial, je suis peu à l'aise et un peu froid en retour. Nous nous asseyons dans une petite salle et l'entretien commence.

La veille, je me suis entraîné, coaché par un ami. Je suis prêt.

— Vu l'heure, la durée de l'entretien n'excédera pas quarante minutes, me dit-elle. Je vous propose que vous commenciez par m'exposer votre parcours, je vous préciserai le contenu du poste par la suite.

Dommage que ce ne soit pas l'inverse, j'aurais pu adapter mon discours.

Je me lance :

— J'ai toujours été passionné par les chiffres et c'est donc naturellement que j'ai passé un bac scientifique.

— En quelle année avez-vous eu votre bac S ? m'interrompt-elle.

— Je ne sais plus mais cela est marqué sur mon CV. Vous l'avez sous les yeux.

Elle me regarde froidement, je réfléchis : il suffit de retrancher cinq années à l'année actuelle, mais j'ai un doute sur l'année actuelle. Je ne voudrais pas me tromper, ce serait la honte. Je regarde ma montre discrètement mais il n'y est indiqué que le jour et le mois, et non pas l'année.

— Continuez, me dit-elle en prenant des notes.

85

Je sais que dois écrire sur papier les propos formulés durant l'interrogatoire sous peine de disqualification. Je sors la feuille sur laquelle j'avais dessiné le plan pour accéder à l'entreprise. Je l'avais pliée en quatre afin qu'elle puisse rentrer dans la poche intérieure de ma veste ; je la déplie afin d'obtenir un côté blanc en face de moi. Je veux sortir un stylo-bille également mais il est coincé dans les coutures de la poche intérieure de la veste. Je tire doucement et essaie de lui trouver une sortie : impossible. Mon interlocutrice m'observe fixement, étonnée. Tant pis, je continue :

— Après mon bac S, j'ai suivi un double cursus, la MASS et la MIAS. Maths, informatique et économie pour la MASS et physique pour la MIAS.

— Pourquoi un double cursus ?

— Parce que je ne savais pas ce que je voulais faire.

— Vous le savez maintenant ?

J'hésite un peu.

— Oui, je suis passionné par les statistiques en marketing.

J'ai marqué un point, je continue sur ma lancée :

— Durant mon stage dans un prestigieux cabinet d'avocat, j'ai appris à m'insérer dans le monde de l'entreprise et à parfaire mes connaissances.

— Qu'avez-vous fait exactement durant ce stage ?

— J'ai travaillé à la classification des archives de la société ; j'ai proposé et mis en place une nouvelle méthode de conservation des données plus efficace.

— Savez-vous s'ils ont conservé cette méthode au sein de la société ?

— Oui, ils l'ont conservée. Je le sais car j'ai revu un des associés récemment. C'est le père d'un ami.

En parlant, j'essaie toujours de retirer mon stylo-bille. Tel Napoléon, je garde la main dans la poche intérieure de ma veste, je tire de plus en plus fort.

— Qu'avez-vous appris durant ce stage ?

— J'ai appris la rigueur, le travail en équipe, le sens de l'organisation et le partage.

— Quelles sont les trois qualités qui vous qualifieraient selon votre employeur ?

Ah, je savais qu'ils allaient poser cette question. Je réponds par cœur :

— Travailleur, rigoureux et sachant travailler en équipe.

— Et les trois défauts ?

Enfin, dans une sonorité de déchirement, j'arrive à retirer mon stylo-bille de ma veste, la poche intérieure a craqué mais cela ne s'avère pas trop grave, c'est invisible. C'est quand même dommage pour ma belle veste à carreaux vert et jaune.

— Curieux, perfectionniste et…je l'ai su, attendez…

Mon interlocutrice continue d'écrire proprement sur son cahier. Difficile de savoir à quoi elle pense. J'essaie de faire de même mais le stylo-bille ne marche pas, je griffonne du vide et je finis par déchirer légèrement ma feuille de papier. Je trempe mon stylo-bille dans mon verre d'eau puis le racle sur mes chaussures. Enfin, je peux commencer à écrire.

— Curieux et perfectionniste, ce sont des défauts pour vous ?

— Ben, oui et non, cela peut le devenir en excès.

Je m'en sors bien. Je bois un peu d'eau pour humidifier ma gorge asséchée par le stress.

— Ainsi, vous souhaitez intégrer notre société ?

Je réponds en souriant que cette société a une excellente réputation et que j'apprécie beaucoup les produits qu'elle commercialise.

— Pourquoi n'avez-vous pas un de nos produits sur vous ? me demande-t-elle pince-sans-rire.

Elle est marrante. J'imagine les employés en costard se promenant avec des boîtes de conserve pour le dessert. L'atmosphère se détend, je réponds en rigolant que les frigidaires sont trop lourds à porter et que j'aime leurs produits frais.

Elle a l'air de plus en plus étonnée et sympathique.

— Cela peut toujours être utile, malgré tout, me dit-elle.

— C'est vrai, j'aime votre corporatisme, lui dis-je en souriant.

Un peu de flatterie ne fera pas de mal à ma candidature. Je me sens enfin décontracté, je continue de plaisanter avec elle :

— Il est vrai que je ne connais pas du tout les logiciels utilisés par l'entreprise mais je les assimilerais en moins de temps qu'il ne faudra à l'entreprise pour les changer, car obsolètes. L'anglais ? Maintenant, avec les logiciels de traduction, tout le monde est bilingue. Le travail en équipe ? Dans moins d'un an, la société gagnera le concours inter-entreprises de tarot.

Elle sourit, elle a l'air d'aimer mon second degré. Elle regarde l'heure et me parle rapidement de la compagnie, son chiffre d'affaires, son organisation, les différents services.

Mon interlocutrice parle vite et j'essaie de noter tout ce qui est dit. Comme ma feuille se remplit rapidement, je la tourne afin de trouver des espaces vierges. Bientôt, je n'en trouve plus. J'écris alors entre les lignes, entre le plan et entre les ratures.

Enfin, elle me demande si j'ai des questions ; je ne veux pas l'embêter et lui réponds que non.

Elle me raccompagne à l'ascenseur et me dit qu'elle me recontactera rapidement : s'ils donnent suite, il y aura encore trois entretiens.


Je pense avoir convaincu, j'ai assuré finalement. Le poste a l'air vraiment intéressant même si je n'ai pas vraiment compris en quoi il consistait. Mon interlocutrice l'a décrit rapidement en employant des termes très spécifiques que je ne connaissais pas ; je n'ai pas osé le lui dire.

En sortant, je remarque de nombreux stylos publicitaires en exposition un peu partout. C'est original cette décoration, cela remplit l'atmosphère d'une ambiance studieuse.

En rentrant chez moi, subitement, un doute m'étreint : avec ma chance actuelle, il est possible que cette entreprise ne commercialise que de l'eau minérale.


Après avoir parlé de mes bons a priori à mes amis, si plusieurs d'entre eux me disent que je dois les rappeler pour montrer que je suis intéressé, d'autres au contraire me préconisent de ne pas appeler pour ne pas m'installer en position d'infériorité. Je dois garder ma fierté.

Je ne sais que faire, j'hésite, mais pas longtemps car je reçois rapidement un mail de la part de l'entreprise qui m'annonce, malgré les qualités de ma candidature, l'échec de celle-ci.

Je suis déçu, je n'aurais jamais dû dire que j'aimais leurs produits uniquement quand ceux-ci étaient frais.

Qu'importe, les retours d'autres entreprises affluent et les entretiens s'enchaînent et se ressemblent plus ou moins. Je suis davantage à l'aise et commence à savoir me vendre, je possède même un nouveau costume assorti. Je suis rodé, je connais mon parcours, mes motivations et loisirs sur le bout des doigts, je connais parfaitement les questionnaires de personnalité et sais y répondre sans hésitation. Je sais quelles questions poser et la posture à tenir ; je suis prêt à travailler. Maintenant, j'arrive à obtenir parfois un deuxième entretien pour un même poste, et même un troisième, voire un quatrième.

Enfin, je reçois une promesse d'embauche définitive. J'aurai répondu à moins d'un millier d'offres d'emploi et mis seulement quelques mois à obtenir ce job.

J'ai hâte d'obtenir mon contrat de travail, j'espère qu'il détaillera les tâches que j'aurai à accomplir.

## Déambulation professionnelle

Je commence mon nouveau travail. Je comprends qu'il se fera au profit d'une compagnie d'assurances mais je ne sais pas encore ce que sera mon rôle. Tout ce que je sais, c'est que cette compagnie vient d'instaurer des jours de repos supplémentaires liés à la réduction du temps de labeur et cela est une très bonne nouvelle, mon travail bénéficiera davantage d'efficacité.

Le premier jour, ne connaissant pas l'heure à laquelle je dois me rendre à l'accueil et voulant me faire bien voir à mes débuts, je me rends dès l'aurore aux locaux de l'entreprise. Si je connaissais cette partie de la journée, j'ignorais qu'elle puisse exister le matin. J'arrive à neuf heures précises et je demande à l'hôtesse d'accueil de bien vouloir appeler mon responsable. Il n'est pas encore arrivé. L'hôtesse m'invite donc à m'asseoir et à attendre la venue de celui-ci. J'accueille cette nouvelle avec philosophie, je peux rattraper ma nuit dans le fauteuil. Je m'assoupis la tête sur mon bras accoudé et imagine mes premiers moments d'échanges au sein de l'entreprise. Il faudra me montrer assuré et consciencieux. Je m'invente les premiers dialogues, mes premiers comptes rendus, mon Églantine serrée au sein de mes bras, les fleurs vagabondant dans les prés sous le soleil embrumé du vent frais...

Je me réveille un instant et regarde l'heure, il est déjà onze heures passées et l'hôtesse d'accueil ne m'a pas réveillé. Je retourne la voir rapidement et lui demande si Éric Lacouture est finalement arrivé. Elle s'excuse pour avoir oublié de le rappeler puis saisit son combiné ; mon manager vient me chercher. Je l'attends quelques instants avant qu'il ne me conduise à l'étage où sans doute se trouve mon bureau.

Éric me demande si j'ai subi un problème ce matin mais, malgré mes dires, il ne comprend pas que j'étais le premier arrivé. Il me présente alors à mes nouveaux collègues qui me demandent sur quel(s?) sujet(s?) mon travail portera. Je me retrouve bien embêté car je n'en ai pas la moindre idée, je me souviens juste que je n'avais rien compris durant l'entretien et les notes prises étaient trop illisibles pour réaliser des recherches sur le net. Un ange passe mais la chance tourne, une femme me reconnaît et détourne l'attention en me demandant si c'était bien moi qui dormais ce matin dans un des fauteuils de l'accueil. Rassuré du changement de conversation, je réponds que oui, car j'attendais l'arrivée d'Éric. Je prouve enfin que mon retard était justifié. Tout le monde rigole et me tourne autour sauf mon manager qui me tire et m'entraîne à mon bureau.

Je me retrouve donc dans une pièce lumineuse, assez agréable malgré un fauteuil peu confortable. Je préfère attendre un peu avant de revendiquer une meilleure assise car je n'aime pas me faire remarquer. Mon matériel informatique n'étant pas encore disponible, Éric me donne des pavés de documentation à lire pour que je me familiarise avec les travaux à réaliser. Je me retrouve seul et commence à décrypter un premier écrit : il n'est pas passionnant. On ne m'a même pas indiqué où se trouvait la machine à café et je ne vois pas comment je pourrais travailler dans ces conditions, d'autant que le bruit des présentations ne m'a pas complètement réveillé. J'en profite pour terminer quelques instants ma nuit inachevée.

Vers midi, Éric vient me chercher pour que l'on aille manger au restaurant de l'entreprise. C'est une bonne idée : l'accomplissement ouvre l'appétit.

— N'hésitez pas à me poser des questions si vous souhaitez des précisions, me propose-t-il en montrant les rapports sur mon bureau.

Les événements émaillant cette matinée furent tels que je ne pus commencer à parcourir un seul des documents.

— Je préfère lire la totalité des documents auparavant, ceux-ci répondant bien souvent aux questions que je m'étais posées précédemment, me défaussé-je, penaud.


En début d'après-midi, après avoir enfin bu mon café, je commence à travailler sérieusement et lis minutieusement les documents apportés. Je comprends enfin le nom du sujet de mon travail : « l'Embedded Value ». Je comprends surtout pourquoi je n'avais pas compris celui-ci : « la valeur dans le lit ». Ok, all right, good subject, cela représenterait la valeur future des contrats présents. Il faudra projeter les contrats d'assurance vie présents dans le portefeuille et mesurer leur rentabilité future, les contrats durant en moyenne dix ans. La modélisation projettera les provisions mathématiques (différence entre la valeur actuelle des engagements futurs de l'assureur et celle de l'assuré) des différents produits. Cette provision actualisée se capitalise grâce à la provision pour participation aux bénéfices, elle-même dotée proportionnellement aux produits financiers et au résultat technique. Bien sûr, il convient d'insérer les primes futures, rachats et réductions des différents contrats, les chargements ou frais de gestion (selon les textes) qui contribuent aux bénéfices, les coûts ou frais de gestion (selon les textes) qui contribuent aux pertes. Les provisions ou réserve (selon les textes) diverses telles la PGG, RDC, PREC, PRE, PDD, zillmérisation et autres joyeusetés seront, ou pas, modélisées. Vaste programme.

J'apprends les nouveaux termes doucement mais méthodiquement. C'est long, mais je commence à les assimiler.


Je ne comprends pas pourquoi chaque corps de métier se croit obligé d'employer un vocabulaire connu de lui seul ; essayer de comprendre un notaire ou un policier s'avère une gageure. Peut-être chaque corps veut-il se rendre incompréhensible d'un autre afin de paraître irremplaçable, car expert. Je ne sais pas, mais en tout cas, ça m'énerve : je perds un temps incroyable ne serait-ce que pour comprendre les termes employés, d'autant plus qu'il est déjà dix-sept heures et j'ai hâte de partir.


Heureusement, ce week-end, je retrouve enfin une population normale, je sors en soirée avec mes amis.


Samedi soir, je me prépare à bouger en rave avec mes teupos. Une belette nous montre un flyer indiquant le fixe d'une free party. Le son promet d'être bon : Heretik platinera du BPM hardtek hardcore et les teufeurs militaires libertaires relaboureront le champ usinique désœuvré.

Certes, ce sera bien la quatrième ou cinquième fois que nous nous rendons à ce genre de lieu, mais jamais nous n'avons encore réussi à atteindre ce graal tant convoité : soit nous nous perdîmes, soit j'imagine que la free n'eut jamais lieu. Je ne désespère pas que nous y arrivions.

L'endroit invite à la diversité, normalement, nous ne serons pas refoulés. Cela nous changera.


Vers une heure du matin, frais comme des gardons, nous appelons une boîte vocale nous indiquant un premier lieu de rendez-vous. Nous nous y rendons et nous trouvons assez rapidement le rond-point mentionné où une dizaine de voitures attendent le signal de départ. Nous nous regroupons afin d'arriver suffisamment nombreux à la scène, ainsi la police n'aura-t-elle plus les moyens de nous en déloger.

Quelques dizaines de minutes passent et les vagos se pointent progressivement. Nous partons.

Nous patrouillons à travers champs et, rapidement, en moins d'une heure, nous commençons à apercevoir autour de notre cortège, dans la campagne déserte, des dizaines de voitures enfumées, remplies à bloc, converger vers un même point de chute : nous approchons. Peu après deux heures, nous arrivons.


Les voitures se garent de manière plus ou moins ordonnée sur une prairie. Bien sûr, nous ne nous le serions pas permis si c'eût été une glèbe.

Les lurons se trémoussent en attendant le branchement des enceintes qui ne saurait tarder. L'ambiance est électrique : la soirée éclot. Nous repérons une usine désaffectée où le bruit sourd des basses ravive ce haut lieu de production aujourd'hui de nouveau exploité. Les fondations tremblent et les corps suivent.

Telle une soirée lyrique, nous écoutons sagement les battements s'enchaîner régulièrement : certains torse nu, endiablés ; d'autres encapuchonnés, les yeux clos, imprégnés de la sonorité rémanente.

J'aperçois un homme téléphoner avec une canette à l'oreille. Plus loin, un croyant, sans doute traditionnaliste, nous montre la puissance du Très-Haut. Il se jette entièrement nu dans les flammes en insistant :

— Dieu nous a créés forts.


Je kiffe le son comme tous en contemplant l'aube. Malgré mes paupières qui se ferment, mes membres me soutiennent et suivent les ardents dans la cokerie.

Plus tard, la soif de l'effort se ressent. Je me dirige vers la voiture où nous avons laissé nos bouteilles d'eau. Le temps que la fiole effleure mes lèvres, tel un pot de miel dans une fourmilière, de nombreuses personnes affluent requérir le nectar. Sortant de l'attelage les rafraîchissements, j'abreuve toutes ces âmes aux yeux buvards et j'aperçois parmi eux un confrère qui, après révérence, me précise qu'il vaut mieux ne rien éventer. Ne comprenant rien à ses dires, j'acquiesce furtivement de la tête et continue ma restauration envers les quémandeurs au cœur haletant.

Pour me remercier, un couple se dirige vers leur carrosse, démonte la porte arrière et me ramène un lapin fraîchement compressé par les roues : je suis vraiment touché par ce présent et je ne sais comment les remercier. Je leur promets de l'accommoder délicatement et de le déguster entre amis.

Quand je pense à la réputation donnée à la population fréquentant les raves : droguée et souillée, alors qu'elle n'aspire qu'à se désaltérer de l'effort.

Finalement, nous partons. En chemin, j'aide un fêtard à se relever pour qu'il retourne danser. Il était tombé au milieu de l'allée nouvellement créée. Les voitures et le manque de visibilité ont utilisé sa figure tel un pavé mais heureusement pour lui, la terre gadouilleuse s'est agencée pour recueillir sa bouille en son sein, annihilant les chocs.

Nullement accablé, les yeux ectasiés, gobé par le trip, il retourne de suite au bal. Les marques de pneus sur sa face témoignent qu'il est un miraculé.

———————

La semaine suivant, je recroise un de mes assoiffés au travail. J'apprends qu'il est le responsable de l'unité comprenant mon service. Il s'appelle David, mon n+2 me dit-on, le chef de mon chef quoi. L'occasion faisant le larron, nous nous côtoyons souvent, d'autant plus que nous avons du temps pour nous.

Le travail à réaliser est bien sûr complexe, mais vu le nombre d'heures travaillées... c'est vrai, trente-cinq heures, c'est beaucoup trop, et heureusement que nous avons les RTT, sinon, comment pourrais-je chercher mon passeport ou acheter un paillasson ? Le samedi, les magasins sont bondés. Je ne sais comment les salariés s'en sortaient auparavant ; je comprends que le mariage fut alors fortement recommandé, on avait besoin de quelqu'un pour s'occuper du quotidien. Bien sûr, il est normal que tous puissent travailler s'ils le souhaitent, mais on devrait alors diviser le temps de travail par deux, c'est logique, vingt heures de travail par semaine me paraissent davantage raisonnables. Bon, c'est vrai aussi qu'avec les nouvelles technologies et la robotique, les performances sont décuplées. Oui, deux heures de travail hebdomadaire devraient suffire.

Soucieux de m'avantager, je veux montrer que je suis efficace au travail : je travaille vite. Pour le montrer, j'arrive tard et je pars tôt, je profite du midi pour me ressourcer et propose mon aide à mes collègues. Curieusement, on me le reprocherait presque.

Certes, tous mes collègues sont bien aimables et me souhaitent un bon après-midi quand je quitte le bureau, mais je sens non pas une pointe de jalousie, mais plutôt une pointe d'orgueil à rester tard. Pourtant, je connais les tâches qui incombent à mes partenaires : ce n'est quand même pas stakhanovique. Je n'ai jamais compris pourquoi le travail, même inefficient, était souvent complimenté. On félicitera davantage un élève qui ne réussit pas en travaillant qu'un autre qui ne réussit que partiellement sans travailler. Comme si nous choisissions d'être fainéants.

Je me sens méchant en attribuant à mes collègues des préjugés qu'ils n'ont sans doute pas, peut-être préfèrent-ils simplement travailler doucement ou bien ont-ils une rombière qui les attend à leur chaumière.

Un après-midi, seul à mon bureau et bien fatigué de la veille, j'entreprends une petite sieste sur mon fauteuil : je me réveille vers vingt-trois heures du soir, personne ne m'a réveillé. Mes collègues auraient pu vérifier si j'étais parti.

Toujours est-il que je me retrouve seul dans les grands bureaux vides. C'est assez impressionnant de bénéficier d'autant d'espace pour soi. Par curiosité, j'entreprends un petit tour, puis me dirige vers la sortie. La porte centrale est fermée, une barrière empêche d'accéder à la rue. Je suis inquiet, je n'ai nulle envie de dormir ici, d'autant que je ne suis plus fatigué et que je commence à avoir faim.

Heureusement, un gardien arrive et m'ouvre la porte. À moi la liberté !

Le temps passe et mon responsable finit par livrer des remarques sur mes horaires.

— Clément, vous devriez accroître votre temps de présence dans l'entreprise, me dit-il.

Surpris par cette remarque, je ne sais comment l'interpréter. J'aurais dû lui envoyer un mail quand j'avais terminé à vingt-trois heures pour lui montrer que je ne comptais pas mes heures.

— Personnellement, cela ne me dérange pas, mais les réflexions de la part des autres services deviennent pressantes, ils ne comprennent pas pourquoi vous pourriez partir plus tôt.

— Je comprends, dis-je, solidaire de mes confrères.

Je veux bien rester davantage et servir de compagnie. Peut-être mes collègues préfèrent-ils la chaleur et la grâce d'un métro bien garni et comptent sur la présence de tous pour cela.

Restant alors sur place, j'écoute beaucoup la radio sur mes écouteurs. Je préfère les radios originales et décalées, quelquefois franchement surprenantes comme Radio libertaire, Radio courtoisie, Ici-et-maintenant ou BFM. Il est amusant de constater que chacune détient des spécificités et stéréotypes. Par exemple, si tout problème, comme les inondations dans le Gard, trouve sa source dans la mise en place des trente-cinq heures sur BFM, ce même problème serait résolu grâce au retour de Jeanne d'Arc sur Radio Courtoisie.

Un recensement de la population nationale se prépare, ce qui est liberticide et injurieux pour les animateurs de Radio Libertaire. Ils nous préconisent de mentir et d'affirmer que nous habitons dans des hôtels particuliers de plusieurs centaines de mètres carrés et que nous possédons de nombreux enfants en bas âge. Sur Radio Courtoisie, au contraire, les animateurs nous conseillent d'affabuler en annonçant que nous habitons un taudis de quelques mètres carrés seuls ou en colocation.

En moyenne, le recensement doit se révéler exact.

Je m'amuse seul à écouter la radio mais je suis souvent assis et le fauteuil m'est désagréable. Au détour d'une conversation avec David, mon assoiffé, le responsable de mon unité, je lui demande s'il peut aider pour améliorer mon assise. Après réflexion, il me répond qu'une réorganisation de la direction est à l'étude et qu'il pensera à moi parmi les sièges à pourvoir. Il me remercie encore de ne pas éventer notre entrevue à la soirée techno et me rappelle, dit-il, que s'il tombe, je tombe.

Je ne suis pas sûr de comprendre ce qu'il me dit. Sans doute fait-il référence au film Backdraft, la solidarité à toute épreuve. Je n'ose pas lui rappeler la véritable citation : « tu tombes, je tombe » tant je suis touché.

Je ressors fort content de l'attribution prochaine d'un nouveau siège. Je n'arrive pas à travailler dans ces conditions, dès que je me réveille, je suis tout ankylosé...

## Navigation pour le rassemblement

Forte de mon diplôme et de mes nombreux soutiens politiques au sein du Mouvement des jeunes socialistes, je me place en disponibilité administrative et demande un rôle important au sein du Parti socialiste. La présidentielle approchant, il est important que la jeunesse et les femmes permettent un renouvellement de la classe politique. Il est inenvisageable que l'actuel premier ministre, Lionel Jospin ne soit pas élu président de la République française.

Je suis reçue en personne par le premier secrétaire du parti : François Hollande. S'il détient la réputation d'un fin tacticien politique, il possède également la qualité de savoir bien s'entourer. C'est donc naturellement, conseillé par mon père, qu'il me reçoit en son bureau avec les honneurs. Après moins de deux heures d'attente, il arrive et, suite à un bref dialogue, me demande d'encourager le rassemblement du peuple de gauche autour de la candidature de Lionel.

Fière de pouvoir contribuer à la réussite de la France et de mes premières responsabilités au sein du parti, je n'accepte pourtant pas immédiatement. Je veux me faire désirer et ce n'est que deux semaines après cette proposition que je donne mon accord à la condition que je puisse refuser l'aide que l'on me propose. Je veux montrer qui je suis.

Je veux tout d'abord m'assurer que le Parti communiste français appellera bien à voter pour le

Parti socialiste au second tour et n'agressera pas celui-ci avant le premier tour. Je rencontre Marie-George Buffet, alors secrétaire nationale du PCF. Charmante et complice malgré nos divergences, elle m'assure d'un soutien naturel et entier, puis me demande le nombre de circonscriptions que le Parti socialiste serait prêt à céder en contrepartie. Je suis flattée par le charisme de mon interlocutrice et lui promets de négocier âprement avec les instances du parti. Je pense qu'unie, la gauche peut rafler la quasi-totalité des circonscriptions et que, dans ces conditions, le Parti socialiste est prêt à céder au moins une cinquantaine de circonscriptions, permettant au Parti communiste français de récupérer son aura d'antan. Marie-George me félicite et s'étonne de mes responsabilités pour mon jeune âge. Je lui garantis que ma signature équivaut à l'engagement du parti. Nous discutons longuement pour départager les circonscriptions qui seront cédées et lesquelles non. Malignement, je promets également des circonscriptions qui étaient attribuées initialement au Parti radical de gauche et au Pôle républicain de Jean-Pierre Chevènement afin de ne pas trop léser le Parti socialiste. Au final, le PCF devrait être assuré d'obtenir une soixantaine de circonscriptions, ce qui aidera fortement le PS à obtenir la majorité parlementaire.

Fière de ma discussion, je fais part de mes engagements à un François Hollande étonné qui réfléchit longuement. Il marmonne un laconique « Chirac contre Giscard » puis me demande comment j'allais négocier avec Taubira qui semble vouloir se présenter également à l'élection présidentielle. Je le trouve en l'instant un peu arrogant. Il dénigre indirectement mon passé militant et ma lucidité politique. Je le rassure en lui rappelant que j'ai longuement travaillé sur la loi Taubira durant mon stage à l'ENA et que je m'assurerais donc facilement de son soutien.

Je rencontre donc Christiane Taubira dans son bureau et commence à lui exprimer toute ma considération et mon respect. Elle me coupe sec en me disant que nous connaissons toutes deux le but de notre rencontre et qu'elle souhaite que nous nous comportions de manière sincère et directe, me rappelant sans diplomatie la nature conflictuelle de la rencontre. Elle me demande le nombre de circonscriptions que le PS serait prêt à céder au Parti radical de gauche. Professionnelle, je lui rappelle froidement son faible poids politique, moins de deux pour cent des électeurs, et, la fidélité et la redevabilité qui lui incombent envers l'actuel premier ministre. Pour rassurer mon interlocutrice sur son avenir politique, je lui assure que le Parti socialiste serait prêt à céder jusqu'à deux circonscriptions à son parti. Elle me demande si ces circonscriptions seront en sus des quinze actuellement possédées par le PRG. J'ignorais que le PRG possédait quinze circonscriptions, je réfléchis. Il y a des chances que cette professionnelle aguerrie ne me dise pas la vérité ; je ne lui dis pas ma méfiance et garde pour moi ma pensée : je reprends l'avantage. L'inconvénient de vouloir garder cette dissymétrie d'information est que je ne peux réfuter. Dans ces conditions, je réplique :

— non, le PRG n'aura droit qu'à deux circonscriptions, c'est à prendre ou à laisser.

Mes talents de négociatrice intraitable s'exhibent au grand jour.

Christiane refuse promptement et sèchement. J'ai gagné la partie, Lionel n'aura pas besoin de ses voix pour être élu.

François Hollande me demande de ne pas m'occuper des Verts, les négociations ont déjà abouti. Je le sollicite alors pour que je puisse m'entretenir avec Jean-Pierre Chevènement et m'enquérir de son soutien indéfectible. Un sourire pointe sur le visage de François qui me donne rapidement son accord. Le premier secrétaire me fait confiance et me souhaite bonne chance. Je suis fière de m'intégrer si rapidement au sein des plus hautes instances du parti.

Je rencontre donc Jean-Pierre dans la semaine et lui annonce tout de go que le premier tour de l'élection présidentielle n'a pas été créé pour permettre à chacun d'exprimer ses idées politiques. Non, quoi qu'il fasse, nous ne tiendrons pas compte de son programme économique et social.

Jean-Pierre me regarde interloqué : j'ai fait fort, il ne sait plus quoi dire. Après un instant, je le vois se ressaisir enfin, la bataille aurait été trop facile sinon. Il m'indique souhaiter la victoire de la gauche, mais Lionel devra redorer le blason de la France en lui faisant retrouver sa souveraineté. Il souhaite le soutenir, même si oui, le Pôle républicain possède des idées à faire valoir. Après un semblant d'écoute, je promets à Chevènement un poste de ministre de la Culture après l'élection de Jospin. Je sais manier la douceur de la récompense avec la consistance politique. Je lui rappelle que l'extrême droite présente deux candidats, la droite quatre et le centre droit deux. Nous savons que les électeurs de Chevènement sont autant de droite que de gauche et sa candidature ne fragilisera en rien celle de Lionel

Jospin. Je le laisse réfléchir à l'opportunité de ce poste et lui fais comprendre la puissance de notre parti : le Pôle républicain doit nous suivre et se taire. Jean-Pierre me reconduit en silence, je fête ma victoire intérieurement.

La négociation fut âpre et aiguisée, mais la fin ne justifie-t-elle pas les moyens ?

La semaine suivante, j'apprends que Jean-Pierre Chevènement rentre dans la course présidentielle : il n'a rien compris à mes dires, sans doute ai-je été trop subtile. Ce n'est pas grave, j'aurais travaillé durement et réussi globalement ma mission. La gauche est unie et un boulevard menant au graal se crée devant Lionel Jospin. Reconnaissant, le premier secrétaire du PS me félicite de mon action et me promet un avenir brillant.

L'élection approche, j'ai hâte de constater le fruit de mon œuvre.

## Navigation échouée

Lionel mène une campagne exceptionnelle, empreint d'intégrité, d'humilité et de subtilité. Cet homme est très au-dessus intellectuellement et moralement de ses concurrents.

Ma mission étant accomplie, je n'oublie pas que je dois me faire connaître de la base militante. Nous avons toujours besoin d'un plus petit que soi, même limité, même ordinaire. Je me joins ainsi à des colleurs d'affiches et arpente le Paris insalubre du 19e arrondissement. Je m'étonne des gueules flétries et de la saleté environnante. Le pavé regorge de jeunes autochtones, même en plein après-midi. Je comprends maintenant la détresse que peut engendrer le chômage. Peut-être faudrait-il créer des emplois fictifs, non rémunérés, pour redonner un peu de dignité à cette population ?

Bien que mes camarades soient sympathiques, je parle peu au sein du groupe, je me familiarise encore aux mœurs populaires. Bien sûr, je me contrains à sourire quand ils se désopilent, je déraisonne quand ils divaguent et chantonne quand ils claironnent. Je veux montrer que je partage les occupations du peuple, que je suis proche de ce dernier.

Curieusement, avec le temps, je me sens réellement à l'aise, éprouvant une véritable sensation de bien-être. Je trouve l'atmosphère emplie de confiance, d'espérance. Nous sommes tous solidaires, égaux, unis pour une même conviction, sans jugement aucun.

Peut-être discerneront-ils néanmoins mes qualités.

Les journées sont difficiles et fatigantes, mais gratifiantes. Nous travaillons bien quatre heures par jour, debout, à arpenter les pavés. En fin d'après-midi, nous nous reposons à une terrasse de café. Nous discutons littérature, philosophie, psychologie...

Les concepts du ça, moi et surmoi sont complexes. Nous approfondissons longuement ce sujet autour de pintes maintenant vides. Un de mes camarades me tend un cône et m'explique que nous pouvons tester par nous-mêmes ces théories. Il serait possible de sentir ces différents esprits indépendamment.

Je ne suis pas favorable aux substances illicites, mais je me dis qu'un jour, peut-être, durant ma future campagne présidentielle, un journaliste me demandera si j'ai déjà fumé du cannabis et j'aimerais pouvoir répondre favorablement sans mentir. De plus, il est vrai que la psychologie constitue une science encore trop peu étudiée et j'aimerais contribuer modestement à son avancée. J'accepte donc et expérimente deux trois aspirations en toussotant, curieuse de l'effet que cela me procurera. Un camarade décrit la théorie du cerveau triunique où l'instinctif serait piloté par le cerveau reptilien ou primitif, l'affectif et la mémoire par le cerveau limbique et le raisonnement, le langage, piloté par le néocortex. La mise en parallèle du cerveau triunique avec les instances de la personnalité élaboré par Freud me paraît hasardeuse. Si le ça peut être effectivement résumé par l'instinct, le moi très imparfaitement par le cérébral, le surmoi n'est en rien l'affectif, mais plutôt le contre « ça » ; il manquerait alors l'affectif à la théorie de Freud. Mais peut-être l'affectif ne fait-il pas partie de la personnalité car dépendant des stimuli extérieurs. Oui, mais comme le ça au fond ; ou pas... Je me concentre sur mon moi et teste ces théories : j'arrive effectivement à ressentir mon instinct, mes impulsions à l'avant de mon crâne, juste à l'arrière du haut du visage, mais je sens qu'il n'est pas qu'inné, non primitif. Ce que je viens de ressentir, c'est bien grâce à la stimulation du milieu de mon cerveau, centre cérébral. L'arrière du cerveau serait plutôt l'intuition, serait-ce le surmoi ? Non. Je ne suis pas convaincue par le concept du surmoi, pourquoi aurions-nous des pulsions cruelles ? Les garçons peut-être. Et qui fait que j'arrive à contrôler ainsi mon cerveau ? C'est le moi ? Pas le moi freudien, mais le moi réel. Oui : plus que l'acquis ou l'inné, ce qui fait ce que nous sommes, c'est nous. Nous sommes libres et nous pouvons décider de nos actes, pensées, caractères et sentiments. Nous ne sommes ni préprogrammés, ni post-programmés. Enfin, j'espère.

Mes camarades me disent que mes régions pressenties ne sont pas celles théoriques. Je souris. Je regarde un long moment un camarade au regard vide. Peut-être que ce jeune homme promène aussi son esprit, voire son corps, dans l'espace inter-dimensionnel qui nous entoure. J'essaie de ressentir la même lévitation et, effectivement, si je reste assise, ce n'est pas le cas de mon âme qui vagabonde aux alentours. Je me sens transportée vers les lieux secrets du premier ciel, je suis sans être dans un temps trans-sidéral, à l'arrêt technique, vers un destin inconnu. Mon Je quitte mon ça, je maîtrise mes tous. Suis-je mon âme ou la façonné-je moi-même ? La vie comme essence.

Je redescends et regarde autour de moi. Mes camarades rigolent en me regardant. Le rire étant communicatif, je rigole à mon tour et nous sommes cinq joyeux drilles autour d'une table à rigoler fraternellement.

Le lâcher prise a du bon, je suis bien.


Bien dans ma vie, bien dans mon corps, j'attends l'échéance présidentielle qui se rapproche. Les préparatifs vont bon train. Nous devons célébrer comme il se doit l'avènement d'une nouvelle ère où le chômage, les sans-abri et le pessimisme ne seront plus que des concepts abstraits. Avec bon nombre de camarades, nous nous chargeons de la mise en place de la fête.

Finalement, je préfère la compagnie de la base aux cadres du parti. Elle n'est pas toujours intéressante, mais elle est joyeuse et vraie. Professionnelle malgré tout, je reste avec l'élite pour me faire connaître. Il est vrai que si la base parle haut et fort, elle n'est pas ou peu écoutée, peut-être à juste raison d'ailleurs. L'élite place ses pions à bon escient. Je veux devenir un pion stratégique, d'une utilité non indispensable pour ne pas devenir statique car non remplaçable. J'aimerais que ce pion s'installe à terme à la place du roi, qu'il s'érige en reine, pour le bien de la France.

Certes, la flagornerie n'est pas mon fort, mais oublier sa dignité rend plus fort, hiérarchiquement.


Tôt le matin, je me rends avec émotion à l'école de ma jeunesse pour voter Lionel Jospin. Aujourd'hui est un grand jour, la première étape avant l'aboutissement de tous mes efforts. Je suis particulièrement excitée à l'idée d'avoir contribué de manière significative à la première victoire du chef actuel. Peu avant midi, je me rends au quartier général du Parti socialiste pour fêter avec mes camarades la victoire annoncée.

L'élite et les militants sont regroupés en deux endroits distincts. L'intelligence et l'instinct, la grossièreté vulgaire et la vulgarité vraie ne se mélangent que difficilement. Peut-être qu'un jour, à l'instar des deux grands partis américains, les grands partis français deviendront également démocratiques. Les militants pourront voter pour les candidats à l'intérieur de leur parti et seront alors respectés, pas que sympathiques. En attendant, son unique utilité est de coller des affiches, faire du porte-à-porte, remplir les salles et applaudir à la demande, tels des groupies.

Je mange et trinque avec mes copains de tablée. Malgré l'absence de Kévin qui n'a pu venir, nous voulons profiter de ce moment et nous amuser. Nous sommes parfaitement en joie.

J'aimerais continuer longtemps ce moment mais je dois me faire voir par les cadres du parti. Par devoir et à regret, je quitte mes brebis pour rejoindre les éléphants et leurs courtisans. Quand je pense que je m'apprête à les singer. Pour exercer ce métier, décidément, il est besoin d'une grande abnégation envers l'État.

Le champagne remplace la bière, les dirigeants restent festifs, à leur manière. Pourtant, plus la journée avance, plus je ressens l'ambiance devenir lourde et pesante. De nombreux conciliabules se forment et les chuchotements deviennent courants. Je ne comprends pas ce qui se trame. Sans doute chacun cherche-t-il une place ministérielle ou un poste important au sein d'une grande société étatique.

Seul François Hollande reste assez guilleret et détendu.


Il est temps que j'aille chercher à mon tour une part de gâteau. Lucide, je ne souhaite pas une place ministérielle aussi rapidement mais je briguerais bien une mairie socialiste. Mon arrondissement parisien a toujours été tenu par un maire de droite et il serait vain d'essayer de le déloger. Je me dirige vers François et lui demande tout de go si le PS pouvait me soutenir dans ma candidature en la ville de Clichy, qui, je le sais, a toujours été tenue par les socialistes. Je ne connais pas encore cette ville, mais je la visiterai sous peu.

Hilare, François Hollande me rassure et me dit qu'il me doit bien cela, il accepte immédiatement.

Je suis tout sourire et fière de mon courage. En attendant 2008, je propose de m'inscrire sur la liste PS de l'élection régionale de 2004, histoire de me roder et de m'occuper à compléter mon réseau.


Le soir approche, nous nous approchons de la télévision. À 20 heures, les grandes chaînes annonceront la première victoire de Lionel Jospin que par ailleurs, curieusement, je n'ai pas encore vu. Réservé peut-être, il n'est pas avec nous pour fêter son succès.

Le verdict tombe, Chirac affrontera Le Pen au second tour. Abasourdie, je ne dis mot.

Les Français n'ont rien compris à notre message ! Pire que l'imaginable, la vérité ne leur convient pas : ce sont des imbéciles, des racistes et des masochistes. Pourquoi le peuple n'élit-il pas le meilleur ? Je suis en colère. Doit-on vraiment leur concéder le droit de vote ? Nous devrions pouvoir choisir qui peut ou non, voter à chaque élection.

Je m'isole un instant, trouve des bras de confiance où je m'abandonne un instant, desserre mon cœur, dégageant par les mirettes tout le stress, la détresse et la colère de mon corps. Je me sens davantage légère.

Toute la peine écoulée, je me ressaisis, me ressens d'attaque. Tout n'est pas perdu, il reste les législatives dans quelques mois. Je me redonne du courage, salue Clément que je vois et repars affronter les cadres du parti.

Seul François Hollande a l'air de tenir le choc. Je discute un peu avec lui et nous relativisons l'événement : la discussion des braves.

Lionel abdique.


Bien sûr, il m'est difficile de voter Chirac au second tour de la présidentielle, mais voir la forte mobilisation citoyenne contre l'extrême-droite qui en a résulté m'a remis du baume au cœur.

Je me réconcilie avec la population. Même si celle-ci peut s'égarer facilement, elle n'est pas mauvaise en soi. Elle a besoin d'un guide : je me dois de l'éduquer et de lui montrer la voie à suivre.

À toute chose malheur est bon. Cette campagne m'aura appris que pour gagner, il ne faut jamais dire la vérité.

La France ne se porte pas encore suffisamment mal pour que l'on place les meilleurs à sa tête. Je serai la meilleure.

## Déambulation vers un naufrage

Je ne suis militant que de mes idées, mais je ne suis aux anges qu'auprès d'Églantine : j'aime tant la voir heureuse et fière de ce qu'elle veut devenir.

Je l'accompagne naturellement au soir du premier tour, à l'assemblée organisée par le Parti socialiste afin de partager sa joie et son combat, même s'il n'est pas vraiment le mien. L'ambiance est joyeuse auprès des militants et nous discutons ensemble de tout et de rien. Églantine, le sourire jusqu'aux oreilles, ne cesse de rire avec ses camarades qui sont maintenant les miens. Nous parlons de tous les sujets, mais bizarrement pas de politique, tout est bon enfant et confiance.

La journée s'écoule et Églantine, un peu pompette, nous quitte désolée pour retrouver les cadres du parti. Nous ne l'accompagnons pas, nous sommes bien ici. Je la plains intérieurement de ses responsabilités imposées et admire en secret son courage.

La journée passe ainsi, guillerette jusqu'à l'énoncé du verdict. Le silence se forme, le couperet tombe, la douche est d'autant plus glacée que l'atmosphère était chaude. Beaucoup sont en pleurs, des larmes de surprise, d'incompréhension, de tristesse et de désespoir.

Je pense immédiatement à Églantine. Je m'en veux de ne pas me tenir à ses côtés pour la réconforter. Je me rends vers la salle où elle se trouve et cherche des mots réconfortants, réchauffant les âmes.

Je la retrouve seule, dehors, hagarde. Elle plonge dans mes bras en pleurant tout son saoul. Je ne dis rien. À quoi bon !

Peu de temps passe avant qu'elle ne reprenne ses esprits. Églantine relève la tête et se redresse. Jamais je ne vis quelqu'un d'aussi fort, jamais je ne l'ai autant aimée. Elle repart affronter son avenir.

Je voudrais l'accompagner pour toujours, même entouré par les hyènes.

Je quitte ces funérailles avec tristesse, la vie se doit de continuer malgré les échecs.

À tout mal, quelque chose est bon. En l'occurrence, je ne sais pas encore quoi.


La vie continue et la canicule embrase la France. J'espère que le père d'Églantine passera l'été ; l'hiver devient maintenant facile à traverser.

Pour ma part, je reste au frais sous la climatisation bureautique et ma rémunération commence à devenir confortable. Si on ne demande rien, on n'a rien, alors je demande. Mes réponses à mes demandes d'augmentation sont identiques ou moins acceptées par mes supérieurs.


Je comprends maintenant l'importance des présentations. C'est vrai que ne connaissant pas le fond, nos collègues ne peuvent juger que la forme. Contrairement à d'autres peut-être, et même si je connais maintenant les données et calculs qu'auditeront les cabinets extérieurs, je ne veux pas que la forme soit au détriment de la qualité du travail accompli. Je réclame donc un stagiaire d'une école de commerce pour qu'il puisse réaliser des PowerPoint compréhensibles par tous, y compris par les directeurs et les membres du comité exécutif. La tâche sera ardue.

Il convient de taire les éléments que l'on estime non importants ou connus et de valoriser les termes permettant d'influer les décisions des dirigeants sur ce qui nous semble bon. Notre stagiaire ne connaît rien à l'assurance, aussi, savons-nous ce qui est connu des dirigeants.

Nous devons faire attention. Souvent, nous ne présentons les synthèses qu'à notre responsable hiérarchique qui les communique ensuite à ses supérieurs, une déformation ou une perte d'informations s'effectue à chaque échelon.

Les retours sont parfois surprenants. Le dernier reçu fut une demande du directeur commercial demandant à augmenter les intérêts techniques, c'est-à-dire les revenus financiers garantis aux clients, pour améliorer le résultat de la compagnie. Les intérêts techniques sont particularisés en résultat positif dans la présentation du résultat technique comptable, puis retirés par la suite dans le résultat financier. Il fut difficile de lui faire comprendre que non, les produits financiers distribués aux assurés ne constituent pas un gain pour la compagnie d'assurances.

Le directeur commercial étant commissionné au chiffre d'affaires, David pense qu'il s'agirait en fait d'une stratégie afin d'attirer davantage de clients vers la compagnie et augmenter le chiffre d'affaires, quitte à pénaliser le résultat. Il est vrai que c'est toujours la guéguerre entre nos deux directions. Nous cherchons la rentabilité, ils cherchent la croissance. Souvent, nous grossissons les chiffres et proposons des hausses de tarifications importantes sachant que la direction commerciale demandera que l'on n'augmente pas ou très peu les tarifs.

Le président dispose ainsi de pléthore de chiffres, d'analyses et d'avis d'experts. Il tranche généralement en choisissant une hausse tarifaire identique à celle de la concurrence.

Par gain de temps et pour éviter les incompréhensions à au moins un des échelons hiérarchiques, je présente souvent les résultats directement à mon n+2, David. Celui-ci m'est sympathique. Ne respectant pas les codes, il est compétent. Il me présente diverses méthodologies, m'explique les tenants et aboutissants de chaque tâche et il est à l'écoute.

Un jour, alors que nous nous retrouvons à deux, il me propose enfin un meilleur fauteuil. Une réorganisation est en cours et mon responsable direct changeant également de direction, on me propose de le relayer. J'accepte avec empressement. Fini mon siège de bureau où je dois me tenir droit ! Enfin, je pourrais m'affaler confortablement.

La réorganisation sera bientôt effective et je dois recruter quelqu'un pour remplacer mon ancienne place. Il est vrai que fixer les yeux sur un ordinateur fatigue énormément, nous avons besoin de chair fraîche pour opérer la relève. D'ailleurs, je me demande ce que deviennent les jeunes quand ils poursuivent leur carrière, vu qu'il y a en moyenne cinq jeunes pour mettre les mains dans le cambouis pour un chef plus âgé.

On me présente une vingtaine de curriculum vitae internes ou externes plus ou moins semblables. Je ne passe un entretien qu'avec les trois CV ayant les loisirs les plus intéressants. Il faut bien sélectionner les candidats et, vu que les critères de formations et d'expériences professionnelles sont identiques ou proches, je ne vois pas d'autres critères pertinents de sélection. Un critère qui me paraîtrait utile serait le lieu d'habitation du candidat, mais je ne connais pas forcément la ville indiquée et la durée du trajet qui leur incombera, j'ai la paresse de chercher. Comme les entretiens vont sans doute se dérouler après dix-huit heures, quand les candidats seront disponibles, je veux me limiter en recherche.

Les trois entretiens se déroulent de manière relativement similaire. Les candidats sont assez stressés et mal à l'aise. Je souhaite une sélection objective, je pose des questions techniques ou des énigmes repérées dans des livres spécialisés. Aucun des candidats ne sait répondre correctement. Il est vrai que le vocabulaire et les méthodes sont différents entre les compagnies et que les énigmes posées sont difficiles, surtout dans un contexte d'entretien. Ne sachant qui choisir, je sélectionne avec l'aide des ressources humaines le candidat le plus souriant. Au moins, il sera agréable de travailler avec lui.


Les travaux continus et mes anciennes tâches sont confiées au nouveau venu. Le modèle étant construit, il ne reste plus qu'à presser quelques boutons pour que la moulinette tourne. La routine guette, les journées se suivent et se ressemblent étrangement.

Heureusement, dorénavant, on me convie régulièrement à des réunions qui peuvent m'intéresser. Je découvre enfin, après plusieurs années d'expérience, le métier de l'assurance de terrain.

La nouveauté passée, ces réunions se suivent et se ressemblent irrémédiablement, longues et redondantes. Les sujets maintenant assimilés, je découvre le métier de l'assurance de terrain vague, constructible mais sans permis de construire ou inondable.

Depuis que je suis responsable, mes collègues d'autres services me saluent davantage, mais de manière moins bienveillante. Ils ne me souhaitent plus un bon après-midi quand je quitte l'entreprise. Peut-être est-ce parce que je laisse en permanence une veste sur la chaise de mon bureau, ainsi, personne ne peut connaître mes horaires d'usine, et comme je ne pointe plus... Avec moins de deux heures de travail effectif par jour en moyenne, en comptant mon heure de déjeuner où je discute souvent travaux, je m'ennuie un peu. Heureusement, pensant encore à moi, mon responsable me nomme responsable du service inventaire. En sus des calculs de projection, je devrai calculer, ou plutôt dire de calculer les provisions comptables. Je suis maintenant à la tête d'une quinzaine de personnes. Aussi, quand je m'ennuie, je peux demander à l'un de mes collaborateurs de m'expliquer ce qu'il fait, cela fait passer le temps...


Le temps passe et la France affrontera ce soir l'Italie en finale de la Coupe du monde. Sûr que Zinedine Zidane fera parler sa classe au monde entier.


Si on ne demande rien, on n'a rien, alors je demande. L'estime de soi diffère du sentiment de certitude, nous ne devons pas rester sur nos acquis. À quoi sert mon salaire si je ne peux pas le partager avec ma belle ? Je veux être courageux, je me lance : je vais lui annoncer ma flamme ! Peut-être me rembarrera-t-elle, peut-être notre amitié s'étiolera-t-elle, tant pis, une bonne douche froide aide à la circulation du sang. Le monde se meurt par manque d'imprudence. Oublions l'amour pur, sans raison : mieux que la théorie, la pratique. Je proposerai à Églantine un amour concret, simple, qui permettra l'épanouissement de chacun. Je ne veux pas qu'elle soit mienne, je ne veux pas faire don de moi, mauvais cadeau peut-être trop encombrant. Je veux que nous nous aidions à devenir nous, à s'accomplir, devenir libres. L'amour réel compte : la joie de se sentir en harmonie, « aimons-nous les uns sur les autres ».

Je prépare donc le terrain de ma déclaration. Je réserve deux places pour le restaurant du premier étage de la tour Eiffel, j'achète des fleurs, je m'habille simplement et avec classe, je répète mes dires, affine mes drôleries et me repose soigneusement avant la soirée dite. Mon cœur bat fort, je suis excité et confiant. Tout est prêt.

Nous nous retrouvons sous la tour Eiffel :

— Que me vaut l'honneur d'un dîner au restaurant de la tour Eiffel ?

Elle est trop forte. Elle a déjà deviné où nous allons dîner.

Je me brave à lui offrir des fleurs :

— Tiens, c'est pour toi.

Surprise, elle rougit et me remercie fort en m'embrassant sur la joue. Un instant figé, je rougis à mon tour et savoure l'effet de ses lèvres sur les muscles horripilateurs de mon corps.

Le dîner se passe à merveille, les plats et le vin sont délicieux, l'ambiance est cosy, chaude et paisible. Églantine réagit tel que je le souhaite, elle est sous le charme. Je dévie progressivement la conversation vers nous et elle s'y engouffre... nous nous complaisons dans le coton, nous voguons ensemble vers les lendemains portés par l'odeur de cannelle et de romarin. Elle ne peut plus m'échapper, j'ai gagné la partie.


Soudain, je me ressaisis. Qu'est-ce que je suis en train de commettre ? Je renie tous mes principes. Je charme mon amour, je souhaite la contrôler, la manipuler pour mon vouloir. La honte m'étrille la panse et je ne sais plus que faire. Je ne veux pas que notre amour débute par une imposture faite de calculs, quand bien même seraient-ils bien intentionnés. La fin ne justifie en rien les moyens, bien au contraire, seul le chemin parcouru compte. N'est-ce pas ce qui est enseigné dans Karaté Kid ? Je m'agite un peu et Églantine l'aperçoit.

— Tout va bien ? me demande-t-elle.

Je n'ose lui dire la vérité, tout va trop vite. Je panique et ne sais que faire : je décide de me saborder. Sous les yeux ébahis de ma tendre, je deviens grossier et vulgaire. Je lui lance des piques et en rajoute sur tout.

Le cœur gros, l'esprit pesant, au bord des larmes, j'essaie de cacher ma peine en en rajoutant encore, et encore. Devant ma promise de plus en plus étonnée, je deviens insupportable. Le cercle vicieux s'est enclenché, rien ne viendra plus l'arrêter.

Le repas se termine dans un climat lourd, froid.

Malgré tout, je m'étais promis de m'offrir à ma belle, alors je m'exécute par devoir. Je prends mon courage à deux mains et lui propose de planter mon drapeau dans le gigot et de lui loger un polichinelle dans le tiroir.

— Cela vaut bien le repas, lui dis-je en souriant tristement.

Elle me regarde bizarrement et part sans me répondre.

Je me retrouve seul au Trocadéro. Quel imbécile puis-je être !

Je me dois de relever la tête.

## Navigation professionnelle

Après d'âpres demandes auprès du parti, je réussis à me positionner en liste éligible pour devenir conseillère régionale de Paris. Devenue expérimentée par le temps, le travail s'avère intéressant à défaut d'être passionnant. Je me rends environ une fois par semaine à une réunion du parti et parfois au Conseil régional. Ces séances me permettent d'entendre de nombreux et longs discours sur des thèmes les plus divers et improbables. Je dois bien avouer que ceux-ci portent souvent sur des sujets précis dont je n'ai aucune connaissance excepté de ce que l'on m'en dit. Je suis obligée d'accorder ma confiance aux interlocuteurs et ces derniers ont intérêt à orienter leurs conseils et recommandations. Les teneurs m'étant inconnues, je ne peux décider par un choix éclairé. Heureusement, mon jugement n'est pas considéré.

Par fidélité, je vote les directives du parti, je m'évite ainsi toute marginalisation au sein de celui-ci. Je suis également chargée de rencontrer les associations demandant des subventions et d'évaluer la pertinence des distributions selon les futurs soutiens de celles-ci. Durant mon temps libre, je parfais mon relationnel en déjeunant avec de nombreux chefs d'entreprise qui m'exposent les nombreuses difficultés rencontrées de par leurs activités. En contrepartie, je leur assure de ma compréhension et de mon soutien. Je ferais mon possible pour résoudre tous leurs problèmes dès que j'en aurai le pouvoir.

Préparant ma candidature à la mairie de Clichy, je me rends préférentiellement dans cette ville. Je découvre ses dédales et habitants, sa conjecture et ses problématiques. Je m'évertue à fraterniser avec un maximum d'élus ou hommes d'influence dont je ne doute pas des bienfaits, pour moi.

C'est vrai, je promets tout et son contraire et je n'en suis pas fière, mais ces hommes sont trop au fait pour ne pas le savoir, c'est le jeu de la démocratie.

Chaque jour, Je rencontre de nombreuses personnalités locales souvent joviales, parfois intéressantes. Pourtant, je ressens en cela davantage une mise en place d'intérêts réciproques que l'instauration d'une réelle confiance entre nous et, si je suis entourée toute la journée, cela ne m'empêche pas de rentrer seule le soir avec le sentiment que mes rencontres du jour ont fait montre d'autant de fausseté envers moi que j'ai pu le faire envers eux.

J'appelle de temps en temps Clément pour me tenir compagnie. Je n'ai pas l'impression de devoir me maintenir au sommet avec lui. Je ne me sens plus jaugée et cela m'apaise. Je peux me confier et il me rassure sur mes capacités qu'il incite à relativiser vis-à-vis de mes pairs. Il comprend le fonctionnement et l'inefficacité inhérente politique, mais jamais ne paraît-il juger quiconque.


Bien sûr, je continue à fréquenter les cadres du parti mais ce n'est que par souci professionnel. Jamais nous ne discutons d'avenir collectif, toujours individuel. Jamais nous ne parlons de la France, toujours de nos promotions et intérêts personnels : la loyauté prévaut aux idéaux me disent-ils, l'entraide avant tout. Tout ceci commence à me lasser, les réseaux pour les réseaux, les aides semi-corruptives entre amis, les crasses pour nos ennemis.

Je dois choisir mon camp me dit-on, mais aucun des camps ne me convient. Bien que je sois en assez bons termes avec tous, je ne suis en accord avec personne.

Malgré tous mes efforts, je n'arrive pas à m'élever en tant que leader, personne ne me suit. Même mes peu de soutiens acquis au sein du Mouvement des jeunes socialistes se sont désistés. Je dois toujours suivre mes supérieurs, toujours suivre la ligne du parti. À quoi bon exister alors ? Ce n'est pourtant pas les idées qui me manquent.

Je dois toujours employer les mêmes phrases complaisantes, non partisanes, toujours flatter et être flattée, même par les pires. Mes camarades de parti à qui j'avoue mes sentiments brocardent ma naïveté de jeunesse. Je connaissais pourtant le monde politique et ne me faisais guère d'illusion quant aux moyens de réussite, mais je ne pensais pas que ces manières m'intéresseraient aussi peu.

À tout prendre, je préfère mes illusions généreuses à leur cynisme, leur frustration liée à l'étiquette. Je n'arrive que difficilement à rentrer dans cette mentalité mais je fais de mon mieux, pour atteindre mes objectifs. Dans les faits, c'est avec mon coiffeur que les échanges professionnels sont le plus intéressants.

On ne me contacte jamais sans me demander un service, le champion étant Kévin. La solitude peut se ressentir à plusieurs, même avec des intimes.

Je retire tout de même mes potes colleurs d'affiches. Je vais d'ailleurs les recontacter avec Clément, cela me fera du bien. J'ai besoin de me remonter le moral et me laisser aller.

— Justement ! me disent-ils. Ce week-end, se déroule la fête de l'Huma au parc de la Courneuve et c'est le soixante-dixième anniversaire du Front populaire. Viens avec nous !

Je ne suis au départ pas très motivée pour m'y rendre.

— Mouais. J'aimerais mieux me changer les idées et me sentir libre plutôt que d'écouter des discours toute la journée, leur expliqué-je.

Mes fralins me regardent étonnés !

— Tu sais, les discours de Bénabar ne sont pas bien longs, me disent-ils, et Cali, ça déménage pour les fillettes !

— Alors allons-y ! Clamé-je, ravie d'échapper pour un temps à la politique.

Nous nous y rendons et nous faisons attention de ne pas nous perdre. Vu le monde, il est probable que les réseaux soient saturés et que nous n'arrivions plus à nous joindre par téléphone. Nous partageons la journée et chantons durant les concerts, bavassons aux buvettes et trinquons au grand soir.

Ce soir, Diam's se produit sur la grande scène, nous chantons et célébrons cette nouvelle star qui a su se préserver de la misogynie de son mouvement culturel syncopé et a su imposer le respect aux rappeurs les plus fondamentalistes.

Le concert dure, et nous ne voyons pas le temps passer. Un speaker rappelle pour ceux qui rentrent en RER qu'ils doivent commencer à se diriger vers ceux-ci avant le dernier service. Nous partons avec de nombreux camarades vers la sortie, déçus de ne pouvoir assister à la fin du concert. Je pourrais sans doute appeler un chauffeur privé mais je ne le dis pas, cela ferait un peu déplacé peut-être. Nous sommes nombreux sur le chemin à chanter un verre à la main, la fraternité en vocation. Le socialisme a de beaux jours devant lui.

---

Un soir, Kévin m'appelle et me dit qu'il connaît une association qui aide les anciens détenus à se réinsérer. Rien que son nom montre son utilité : « la remise dans le droit chemin ». Cette association vient de se créer et se situe justement à Clichy, là où je veux me présenter.

— Tu auras l'honneur d'être la première responsable à rencontrer le président, me dit Kévin. Je suis son grand ami. Tu as de la chance : ce mec, c'est un malin et on peut lui faire confiance.

J'accepte volontiers.

Je me rends donc avec Kévin chez son ami et nous discutons des objectifs de l'association. Son compagnon est habillé en survêtement de marque et porte un collier en or massif lourd avec un dollar en pendentif. Il me dit bien connaître le milieu carcéral et la difficulté à retrouver un emploi par la suite. Son association divulgue des conseils et une aide financière pour que les anciens détenus puissent sortir de la rue.

— Ce sont des déshérités, des exclus de la société, personne ne fait rien pour eux, c'est n'importe quoi, alors merci de donner une subvention. Ne dis pas non, je sais où tu habites cousine.

Abdel parle de manière brutale et sans détour. Néanmoins, je ne me laisse pas intimider, je suis aussi maligne : personne ne me dupe. Tout porte à croire que c'est un voyou mais je sais bien que les hommes rustres sont souvent des hommes de bien, il n'essaye pas de m'amadouer et j'apprécie.

Curieuse de connaître l'origine de cette bonne idée et quels types de conseils il partage avec les anciens détenus, je me renseigne davantage. Il me répond qu'il n'a rien à me dire.

— Pourquoi tu n'as pas confiance ? Tu fais de la discrimination cousine.

Kévin le coupe et me dit que je peux avoir confiance en lui, ils se connaissent bien. En me disant cela, il me raccompagne vers la sortie.

Je sors décontenancée de notre entrevue, cela me change des rendez-vous guindés habituels. Je me dis qu'il ne faut pas préjuger, sans doute cette association est-elle utile.

Perfectionniste, je me renseigne tout de même sur cette personne : il s'agit d'un ancien détenu condamné à maintes reprises pour trafic de stupéfiants, ce qui lui permet effectivement de bien connaître ce milieu, il ne m'a donc pas menti. Je demande donc à la région d'octroyer une somme conséquente pour cette association. Elle aidera certains à se sortir de la spirale de l'échec. Des vies seront sauvées.

Enfin, dans cette gabegie administrative, je me sens utile.

---

Je sors discuter avec Clément. Il m'a invitée au Champ-de-Mars afin de dîner. Il est marrant, je sens qu'il s'entiche de moi mais n'ose rien me révéler.

Peut-être le fera-t-il ce soir ? Clément est travailleur et réussit bien sa vie professionnelle ; il est promis à une bonne carrière. Après réflexion, c'est un bon parti. Bien sûr, il serait mieux que j'épouse un journaliste qui faciliterait la diffusion de mon image, mais comme je ne suis pas encore rentrée dans le cercle vertueux de la médiatisation, je n'ai eu que peu l'occasion de croiser de tels relayeurs. En tout cas, Clément plaira sûrement à ma mère et je veux lui offrir ce plaisir.

Et puis, je n'ai pas à effectuer un gros effort, il est quand même sympa Clément et, comme on dit, à défaut de merles, on mange des grives.


Je rejoins Clément au pied de la grande dame et, pour une fois à l'heure, il m'accueille avec un beau bouquet de fleurs qu'il m'offre timidement. C'est trop mignon.

Nous nous faisons la bise, devisons quelque peu, puis il m'invite à le suivre au restaurant du premier étage. Tandis que nous nous laissons porter par l'ascenseur, Clément multiplie les petites attentions à mon égard. Je me sens mise en valeur, je reprends confiance en moi, il me réchauffe le cœur.

Nous mangeons bien, le personnel est charmant et, le vin aidant, je m'enivre de cet instant. Nous discutons peu en fait, les gestes suffisent en soi, l'intention supplante les dires. Mes membres frémissent à l'entendre, sa voix est douce et apaisée. C'est vrai, il est joli garçon. En ce moment, j'ai besoin de tendresse, je m'impatiente de l'embrasser, j'étais bête d'hésiter. C'est un peu mon frère, mais cela n'empêche pas qu'il soit également mon amant, mon mari et mon soutien.

Clément reste assez maladroit dans sa manière de faire la cour. Je souhaite le mettre à l'aise, le rassurer à mon tour. Je rentre dans son jeu de séduction et je lui montre clairement que son charme agit. Je lui fais les yeux doux et susurre des mots affectueux. J'aime ces instants de conquêtes.

Soudain, je ressens une gêne chez Clément. Je ne sais pas pourquoi, mais il devient abrupt, déplacé. Il parle fort et mal. Il brise d'un seul coup notre beau jardin. Il noie notre ruisseau sous des flots de ganacherie.

Je suis estomaquée, désemparée. Je vois bien qu'il se force à clabauder, se discréditer pour s'éloigner. Décidément, je ne sais pas séduire, je rate tout, il ne veut plus de moi.

La fin du repas se déroule lentement, très lentement. Clément ne s'arrête pas d'être insupportable, je veux partir. Je me sens réellement mal à l'aise, les larmes me montent aux yeux et je veux finir ce simulacre.

Au moment des au revoir, Clément me propose de coucher avec lui. Là, je touche vraiment le fond. Je le quitte humiliée, sans dire un mot. Quel goujat, quel salaud !


Plus loin, je me calme et essaie de me rassurer : les hommes ne savent pas y faire, visiblement Clément me désire quand même un peu. Bon, la prochaine fois, il aura intérêt à me séduire correctement, je lui confère une seconde chance.

———————

En attendant, je continue à parfaire mon réseau. À défaut de connaissances, je détiens un carnet d'adresses bien rempli. J'indique à chaque nom sa fonction, ses aspirations et ses sympathies. Je reste très méthodique et travailleuse.

Mais quand même, ce travail est un peu redondant.


Aussi, afin d'obtenir davantage de responsabilités, j'essaie d'obtenir un rendez-vous avec le premier secrétaire du parti, en vain.

Malheureusement, je n'appartiens pas non plus au cercle proche des camarades ayant accès sans préalable au bureau du président de la région. Je demande alors un entretien via la secrétaire de ce dernier et, un mois plus tard, enfin, je reçois une convocation dans son bureau pour une heure.

Il me reçoit dans un hôtel majestueux, avec des portes immenses et des majordomes dignes de la Renaissance. Tous les meubles en vieux bois sont ornés d'artifices et de dorures magnifiques. Si Clément voyait cela, il serait ébloui. C'est à ces moments-là que l'on ressent notre importance au sein de la société et l'admiration qu'engendrent nos statuts. Je suis fascinée et fière d'être affiliée à l'élite française.

Mon interlocuteur présente un charisme incroyable, il m'intimide en se levant pour me saluer. Celui-ci m'invite à m'asseoir puis, après m'avoir entendu dire que je souhaitais davantage de responsabilités, me demande si je serais prête à œuvrer dans l'ombre, secrètement. Je réponds par l'affirmative, excitée par la mission.


Je devrai, si je l'accepte, contenir un groupe anarchique qui agit au sein du parti en bafouant la démocratie par son extrémisme. Ce groupuscule mettrait en danger la crédibilité du parti s'il venait à se faire connaître médiatiquement.

Je veux demander pourquoi ne pas exclure tout simplement les membres de ce groupe s'ils sont à ce point gênants.

— Mais c'est qu'ils sont aussi très utiles me répond-il promptement, ayant sans doute devancé mon questionnement. Ils sont très actifs d'un point de vue militant : ils intimident physiquement les adversaires sur le terrain, distribuent tracts et prospectus, collent les affiches, rapatrient les votes des gauchistes et permettent d'élargir la sphère d'influence du parti, et ce, presque gratuitement. Ce ne sont pas que des mangeurs de soupe, ce sont aussi des idiots utiles, il convient de les contrôler afin qu'ils fassent ce qu'on leur dit, ce qui n'est pas encore le cas. Pour cela, nous avons besoin de quelqu'un de fidèle qui devienne leur chef, en tout cas, leur mentor. Nous devons acheter la paix sociale.

Le responsable me demande alors si je suis ambitieuse. Je réponds naturellement que oui, il s'exclame :

— Parfait, je serai sûr de ton obéissance.

Quelle intelligence, quel stratège ! Je suis impressionnée ; j'accepte avec enthousiasme :

— Bien sûr, je n'oublie jamais d'être proche du peuple, lui dis-je respectueusement. C'est bien moi la personne qu'il vous faut, la femme de la situation.

Quelle mission ! Je suis toute excitée à l'idée de la mener à bien.

Aussi, me suis-je inscrite à la mouvance Nos vies sont plus importantes que leurs profits, micro-parti au sein du Parti socialiste, dirigé par un pseudo conseil tenu par un dirigeant écoutant les militants de base.

Je participe à chacune de leurs réunions en tant que sympathisante, infiltrée. J'essaie de transmettre mes idées républicaines, du respect de la loi et de la démocratie afin de modifier radicalement la vie des Français. Ces enseignements s'avèrent difficiles tant ces militants sont abusifs. Ils ne comprennent pas l'impossibilité de supprimer le Sénat. Ce sont cinq cent mille conseillers municipaux qui rêvent de devenir sénateurs, nous ne pouvons pas les désobliger ainsi. La politique est réelle, c'est peut-être dommage, mais c'est ainsi.

Je les entends vouloir réquisitionner les logements vacants, par la force.

Bien sûr qu'il faut aider les sans-abri mais dans le respect des lois quand même. En agissant ainsi, ces personnes braquent une partie de l'opinion qui n'hésite plus en retour à s'engager vers les extrêmes, tel le FN. Surtout, ces personnes décrédibilisent le Parti socialiste et éloignent ceux qui hésiteraient entre la gauche et la droite modérée. La violence appelle la violence comme les extrêmes attisent les extrêmes.

« Tout ce qui est excessif est insignifiant » disait Talleyrand.


Une session arrivant, j'explique à mes nouveaux amis ma vision politique. Ayant annoté chacun de nos différends durant nos précédents échanges, je développe mes propos par des textes de loi précis et des citations de grands hommes contextualisées. Les grands principes sont exposés thématiquement afin que la logique soit la plus claire et la plus indiscutable possible. Voulant un débat de haut niveau, je cite jusqu'à Hippocrate : « La vie est courte, l'art est long, l'occasion fugitive, l'expérience trompeuse, le jugement difficile. »

J'ai travaillé durement ce discours, le modifiant cent fois, cherchant toutes les approches possibles. Je voulais le meilleur et être certaine qu'il aurait un impact tel que toute la mouvance me suivrait dans mes convictions.

Je suis fière de ma leçon : en moins d'un mois de travail, j'ai accompli un prêche digne d'une thèse de philosophie. En plus de mener à bien ma mission, je retrouverai des militants à moi.


Les retours durant mon discours ne sont pas à la mesure de mes attentes, loin de là. Tandis que j'énonce mes propos d'un ton convaincant, les militants discutent entre eux, regardent leur montre et vont jusqu'à siffler certaines de mes phrases. Je suis mal à l'aise et parle de manière de plus en plus ténue, ce qui ne fait que prononcer le brouhaha de la salle. Je suis au bord des larmes : tout ce travail n'aura servi à rien.


Tant pis, je joue mon va-tout, je délaisse mon papier et improvise en clamant qu'on ne peut changer la société qu'en changeant les mentalités. Le vote ne sert qu'à concrétiser nos idées, si tel n'est pas le cas, nous devons appliquer nos justes propositions par des actions insurrectionnelles, fortes : seul moyen de nous faire entendre.

« Si la non-violence est la loi de l'humanité, l'avenir appartient aux femmes. Qui peut faire appel au cœur des hommes avec plus d'efficacité que la femme ? » disait Gandhi. Nous devons nous organiser et élire un chef. Je me propose d'être celui-ci.

— Ensemble, nous changerons l'humanité. Oui au changement ! Oui, nos vies sont plus importantes que leurs profits ! dis-je en repérant les banderoles folkloriques situées à l'entrée de la salle.

Vérifiant que l'actuel dirigeant soit encore absent, parti dans son mépris retrouver sa concubine à l'arrière du bâtiment, je propose d'organiser un vote maintenant.

Je n'ai pas de remord, il n'avait qu'à écouter mon discours, cela me semble la moindre des politesses. Je ne trahis personne, le vote se fera dans les règles, mais sans lui. Je suis la seule en lice, le vote se déroule rapidement, je suis élue. J'ai agi comme une grande politicienne.


Enfin, la foule m'acclame, je réussis une OPA inespérée sur la mouvance, je lève mes bras au ciel, je gagne enfin une bataille et peut disposer de suiveurs. Mes cours de diction et surtout de théâtre m'auront été utiles. Je remplis à plein le rôle de pacification qui m'a été confié.

Avec mes camarades, nous choisissons les villes où opérer nos actions. Comme les associations qui nous informent des expulsions se situent souvent dans des villes de gauche, c'est vers celles-ci que nous nous tournons. Bien sûr, quand nous bloquons des immeubles inoccupés ou empêchons les forces de l'ordre d'expulser des familles ou des pauvres revendeurs de cannabis, nous recevons la réprobation des maires de ces villes à travers le parti. Ils ne savent pas que je suis ici pour empêcher tout cela et que la seule manière d'y arriver est de ne pas froisser mes acolytes de mouvance.

Dans cette mouvance, c'est une vraie démocratie. Je peux dire ce que je souhaite, personne ne m'écoute. Aussi, la seule manière d'affirmer mon autorité est d'accepter ce que mes camarades influents ont décidé. Ma technique est de laisser faire afin que mes camarades aient une réelle confiance en ma personne.

J'ai beau l'expliquer à mon président de région, il me signale que le mouvement est encore plus incontrôlable qu'avant ma présence. Visiblement, il est en désaccord avec ma stratégie et me menace d'expulsion du parti. Ce serait un comble. Je lui dis que je ferai ce que je peux. En tout cas, je le rassure sur le fait qu'outre les critiques sur les lois actuelles, la suspicion de complot du patronat allié à la politique et la contrariété que l'État ne fasse pas suffisamment pour les démunis, rien ne laisse présager au sein de ce mouvement une scission avec le parti. Mon président de région me répond uniquement de faire attention, que les maires et les instances supérieures commencent vraiment à grincer des dents.

La prochaine action est prévue ce dimanche. Nous devons squatter un hôtel particulier parisien vacant afin d'y installer les étudiants du collectif qui vient de se créer : Jeudi noir. De peur de mon exclusion, j'insiste auprès de mes camarades de mouvance sur le fait que cet hôtel particulier s'inscrit au patrimoine de Paris et qu'il serait inopportun de s'y installer, le risque de dégradation apparaît trop important, nous devons protéger nos pierres. De surcroît, cette occupation ne devra se réaliser que trois ans plus tard et je ne voudrais pas trop d'anachronismes dans les faits.

Mes camarades me regardent en rigolant.

— Tu te fous de nous ? me disent-ils. C'est le lieu de la naissance de la marquise de Sévigné : qu'importe que ce soit fait maintenant ou plus tard, ce sera un beau symbole visant l'abolition des privilèges. Nous réquisitionnerons cet immeuble par tous les moyens possibles. Les logements vacants contribuent à la flambée des prix. Nous sommes en deux mille six et tu verras qu'à partir de ce jour, les prix vont significativement baisser et les étudiants pourront enfin se loger décemment. Ce sera une belle fête. Nous avons invité l'orchestre de rue les « lendemains qui chantent », nous aurons l'appui d'« un logement pour tous », de la Ligue communiste révolutionnaire et de la Fédération anarchiste. Nous serons plus d'une centaine, les journalistes sont prévenus, ce sera du grand spectacle, la visibilité sera parfaite.

Les militants m'invitent à aider et imaginer les banderoles pour l'occasion. Je ne peux refuser sous peine de me faire démasquer. Ingénieusement, je fustige sur une des banderoles le gouvernement de droite qui nous gouverne et valorise le Parti socialiste. Il est possible que ce rassemblement nous soit profitable finalement, aussi, je ne préviens pas les autorités compétentes de notre plan d'action.

Effectivement, le rassemblement est un succès, nous sommes plus de cent à chanter et danser au milieu des splendides pièces vides, déguisés en prostituées, proxénètes et travestis afin de dénoncer les loyers trop élevés poussant certains jeunes à se vendre pour de l'argent. Nous nous approprions l'endroit, les CRS ne peuvent plus nous déloger. Nous sommes maintenant trop nombreux et les journalistes sont présents. Sans doute ont-ils peur aussi que nous mettions nos menaces à exécution : dégrader au maximum ce bel immeuble en cas de charge.

Dès le lendemain, de nombreux journaux parlent de nos exploits : nous nous faisons connaître auprès du grand public. Même des ténors de la politique française nous expriment leur soutien.

Forte du succès de ma mission et profitant de ma position de force, je demande au président de la région que ma candidature à la mairie de Clichy soit officielle, lui apprenant que François Hollande lui-même m'avait promis ce poste il y a peu.

Mon interlocuteur me regarde fixement, il refuse.

— Vous pouvez prendre congé, me dit-il.

Déconfite, je me dirige vers la porte. Il me rassure alors :

— Je vais réfléchir pour votre avenir.

Une semaine plus tard, il me convoque en son bureau. Il m'annonce que Monsieur Catoire représentera le Parti socialiste à sa propre mandature. François Hollande n'a pas confirmé mes dires.

Je suis estomaquée. Quelle indécence, quelle trahison !

Je suis furieuse, je fais part de cette ignominie à tous mes collègues du Conseil général mais la plupart se gaussent et se détournent. Seul un vétéran me donne un conseil de bon aloi :

— Quand tu te fais sodomiser, ne bouge pas les fesses, ça les fait jouir.

Je le note.

Je déjeune avec mes parents et mon père me réprimande sévèrement :

— Le fait qu'une personne soit non domiciliée dans un appartement n'est pas une excuse pour qu'une bande d'hurluberlus puisse ainsi se l'approprier. De surcroît, cette personne est une bonne amie. Il s'agit d'une vieille dame possédant suffisamment de soucis comme cela. Bien sûr que cette femme aimerait rendre cette magnifique demeure habitable et lui redonner vie, ce n'est pas de la désinvolture, loin de là. Elle n'a pas les moyens financiers nécessaires pour commanditer les travaux. L'hôtel particulier reste vide par manque de financements et uniquement pour cela. J'aurais dû me renseigner avant tout jugement et action hâtive.

C'est Henri IV qui fit la demande de construction. Cet hôtel particulier fait partie du patrimoine de France. Tu te rends compte des dégradations ou destructions que cette mascarade risque d'engendrer ?

J'essaie de rassurer mon père.

— Ce ne sont pas des sans domicile fixe ou des punks à chiens qui ont réquisitionné l'habitation, mais des étudiants de bonne famille, surdiplômés. Ils respecteront le bâtiment ! Je le garantie.

C'est difficile la politique.

## Déambulation professionnelle

Je passe de longs jours à réfléchir sur ce qui s'était passé. Visiblement, Églantine ne souhaite pas devenir mon épouse. Peut-être est-ce à cause de ma réussite professionnelle qui n'est pas en adéquation avec ses convictions d'aider les pauvres ? Je lui ai pourtant assuré que je n'étais pas carriériste et que ma promotion n'ait dû qu'à une somme de nombreux hasards. Je n'y suis pour rien moi. Pourtant, nous sommes et serions tellement heureux ensemble. Elle aussi, je le vois bien, se plaît en ma compagnie, je ne sais pas pourquoi elle me refuse ainsi. Quel gâchis, quel temps perdu ! Je souffre, je souffre tant de la savoir loin de moi, je souffre de ne pouvoir la serrer sur mon cœur, de ne pouvoir lui donner le meilleur de moi-même.

Je ne veux pas rester malheureux, je ne veux plus évoluer si fréquemment du bonheur de sa présence à la solitude froide de la non-réciprocité, de l'attente vaine d'un retour et la répétition d'un espoir déçu. Malgré ma meilleure volonté, je n'arrive pas à proscrire ma jalousie égoïste. Une peur, continuelle et méprisable m'étreint chaque jour davantage. S'il arrivait qu'elle s'entiche d'un autre, je ne m'en remettrai pas. L'imaginer dans les bras d'un jules, un quelconque poilu, peut-être un salaud, m'irrite, me hante, m'écorche vif.

Je n'arrive plus à accéder au bonheur sans me blesser, ma décision est prise, je quitte mon aimée.

Jamais décision ne fut si facile à prononcer et si difficile à appliquer. Je sais que mes sentiments s'estomperont avec le temps et que la patience reste ma meilleure alliée. Quelle aberration quand même ! La vie n'est pas toujours bien faite.

Mon Églantine à moi.

Aimer, c'est être heureux, phrase simple mais non simpliste je trouve. Que deviendrai-je sans elle ? Ne sait-elle pas que nous pouvons décider de nos sentiments ?

C'est mon tout qui l'aime. Mon premier la trouve si sensuelle, si séduisante. Mon deuxième l'idéalise ou plutôt découvre chaque jour sa perfection morale et sa soif de vivre. Il l'admire, il l'aime d'amour et d'affection. Mon troisième ne fait que la sublimer et la glorifier.

Je ne dois plus y penser, je dois me désintoxiquer. J'essaie de me rassurer en me disant que chacun doit bénéficier de plusieurs « femmes de sa vie » sur terre. Heureusement, sinon, il serait peu probable de rencontrer celle qui nous est dévolue. Ce ne serait pas facile, surtout si elle était japonaise par exemple.

Je peux rencontrer une nouvelle femme de ma vie, elle existe, j'y crois, il faut que j'y croie. Je dois changer, je suis un nouvel homme, je me libère.

Il pleut fortement. J'aime ce temps en un tel jour !

Je sors rencontrer les hommes, regarder la terre. Il y a tant à découvrir. Nous n'avons qu'une vie pour cela : nous n'avons pas le temps d'attendre. Églantine, me voilà ! Non : la vie, me voilà ! Bien sûr, ce n'est pas immédiat d'abandonner ses espoirs. Allez, debout, regarde devant et aime tout ce que tu peux aimer, ton cœur est assez grand, l'amour de tous et de tout, cela remplit une vie, ma vie, parcourir des pays, rencontrer les cultures, respirer à pleins poumons la nature.

Oui, la pluie, le vent, les montagnes, c'est assez, oui, la vie est merveille, le monde est beauté, une perle de rosée, un jardin d'Éden, je suis libre, libre d'embrasser le monde.

Le détachement de ma belle ne m'atteint pas, mon bonheur au monde résulte de l'amour que je lui porte et cela me comble suffisamment.

J'aime aimer, mon cœur explose de joie à la pensée de mon amie. Je continuerai à la chérir, à l'adorer, à garder ce sentiment vivant. La vie, me voilà !


Je m'endors radieux, tout va pour le mieux.

Tout de même, je ne dois pas me coucher trop tard. Demain, je me lève tôt. Je devrai m'insérer dans un métro bondé, puis rester sous plafond dans un bureau à regarder un ordinateur. J'essaierai de partir plus tôt, peut-être verrais-je le soleil.

---

Les jours se succèdent sans vouloir s'arrêter, les tâches ponctuelles se renouvellent sans cesse, accroissant la monotonie, le ludique devenant automatique. Pour autant, l'arrêté des comptes au mois d'avril peut m'amuser encore. Il s'agit de calculer les provisions afin de retomber sur un résultat proche de celui communiqué aux actionnaires par le contrôle de gestion et donc modifier les hypothèses et la méthodologie. Par soucis de challenge, tous les calculs sont audités par les commissaires aux comptes.

Il s'agit de rectifier les éléments comptables avec discernement. Si un chiffre se trouve changé du fait d'une erreur apparue, nous devons recalculer la plupart des éléments afin de retomber sur le même résultat global que précédemment. Les commissaires aux comptes admettent cet état de fait tant qu'ils possèdent une justification acceptable à insérer dans leurs dossiers. N'oublions pas que leur seule rémunération provient de notre compagnie.

Ces interlocuteurs sont souvent des juniors que l'on doit former du fait de la non-présence des seniors. Les juniors travaillent beaucoup et leur rémunération, si elle est correcte, doit tout de même être légèrement inférieure au SMIC horaire vu le nombre d'heures travaillées pour vérifier les chiffres, à classer les archives, à cocher par des tics chaque vérification. Les pauvres ! D'ailleurs, ne reprennent-ils pas la chanson de Gainsbourg à leur métier : je fais des tics, des petits tics, encore des petits tics. La classe laborieuse.

Les comptes se réalisent sous les normes française et internationale et ces normes ne cessent d'évoluer. Les provisions se calculaient tout d'abord en avril, puis est apparu le fast-close, nous devions terminer les comptes en février. En sus, sont apparus les comptes trimestriels et enfin, notre blague se réalisa, nous devons terminer les comptes de fin d'année mi-novembre : le pré-closing.

Plus l'actionnariat (paraît-il que ces demandes proviennent de ceux-ci, je me méfie, il est dans l'habitude des directeurs de se dédouaner) nous soumet d'échéances, et des échéances courtes, moins les travaux sont de qualité et vérifiés. La quantité ou la qualité, il faut choisir. Les dirigeants ou les actionnaires ont choisi la quantité : ils se retrouvent sous une pléthore de chiffres mais nous ne savons plus à quel niveau ceux-ci s'éloignent de la réalité.

Heureusement pour nous, les normes comptables ne cessent de se complexifier. La complexité aidant à aboutir aux chiffres souhaités, nous avons davantage de marge de manœuvre.

Tous les contributeurs sont au courant de cette baisse de qualité, sauf peut-être le président-directeur général et les directeurs. Il est possible aussi qu'ils fassent semblant d'ignorer la baisse de qualité pour se targuer de réussir à livrer les chiffres dans les temps. Pourtant il aurait été facile à deviner qu'à main-d'œuvre identique, nous ne puissions pas produire quatre à cinq fois plus. Je voudrais en parler au P-DG mais je n'ose pour ne pas le peiner : il est tellement fier que toutes ses demandes soient réalisées.

Comme me le disait Églantine en connaissance de cause, il est toujours difficile de discerner la mauvaise foi du déraisonnable.


Mon équipe calcule le gain de valeur réalisé grâce à la vente des nouveaux contrats vendus durant l'année. Ma prime est fonction de la valeur demandée par mon directeur et nous n'avons aucun levier quant au nombre de nouveaux contrats vendus durant l'année, ni sur la tarification, ni sur les frais généraux de la compagnie, ni sur le commissionnement des courtiers ou agents. Mon équipe essaie de trouver une technique permettant de trouver un chiffre légèrement au-dessus de la valeur souhaitée et nos seuls leviers sont la méthodologie et les hypothèses de calculs. La valeur calculée se doit ne pas être trop élevée car le comité exécutif demande, quel que soit la valeur communiquée, une valeur toujours plus importante l'année suivante. Il faut savoir en garder sous le pied. Un de mes collaborateurs est très bon à ce petit jeu de sortir les chiffres souhaités.

Je veux le remercier et montrer ma reconnaissance. Après avoir touché ma prime de performance, je l'invite à un restaurant extérieur à l'entreprise, puis je crée une note de frais.

Bien sûr, consciencieux, j'ai plusieurs fois demandé à mon responsable de dicter aux services concernés les contrats qu'il fallait privilégier à la vente. Je n'ai jamais eu de retour, sans doute mes travaux se sont-ils perdus dans les méandres organisationnels de l'entreprise.

De toute manière, chacun prêche pour sa paroisse. Ce n'est pas si anormal, si je discréditais mon service, ce serait saligaud vis-à-vis de mes collègues. Le PDG doit bien savoir que ma prime repose sur notre faculté à manipuler les chiffres de telle sorte qu'ils soient certifiés. Ce n'est pas moi qui ai inventé ce système.

Par acquit de conscience, j'en parle à mon responsable qui me dit :

— Effectivement, c'est un problème, mais comme dit le vieil adage, soit tu démissionnes, soit tu fermes ta gueule... et tu t'enrichis.

Je n'ai que faire des adages, je suis libre ! Je choisis les deux choix. Personne ne me dit quand je dois me taire et je veux garder mon intégrité. Je l'ouvre bien souvent auprès de mes collaborateurs et mon responsable.

Mais cela reste entre nous, entre le plat et le dessert du restaurant d'entreprise, cela ne prête pas à conséquence.

La prime est quand-même intéressante.


J'habite encore dans mon ministudio au sein de ma résidence étudiante et je souhaite habiter un plus grand appartement. Je cherche à investir dans un logement de mon quartier et je devrais bénéficier d'un large choix. De nombreux, très nombreux immeubles à étage élevé ont remplacé les beaux terrains vagues. Renseignement pris, je suis stupéfait par le prix élevé de ceux-ci. Plus le quartier se densifie, plus il est coûteux. Qu'importe, maintenant, je dispose suffisamment de moyens pour m'endetter sur vingt ans et acquérir un joli duplex. Je vivrai bien.


Par souci d'économie, les locaux de l'entreprise déménagent également. Nous atterrissons à la Défense, premier quartier d'affaires européen. Je suis impressionné face à mon nouveau gratte-ciel, noir féroce, le ciel pour cible. Une organisation incroyable doit être mise en place pour que le fonctionnement de la société et des milliers de collaborateurs soit optimal ; combien de cellules grises en action, combien de secrets, de dessous, d'arrangements de pouvoir, de dominations et de puissances contrôlant la planète se meuvent en silence ?


Ayant trouvé l'ascenseur menant aux étages supérieurs à trente, je me sens aspiré au sommet. Tout m'impressionne.

À mon étage, nous nous retrouvons en open space, à quarante dans une grande pièce. Je rejoins mes collègues et tous discutent de l'aménagement. Chacun souhaite plus ou moins de lumière, plus ou moins de climatisation et plus ou moins d'espace pour ranger ses dossiers. Les discussions vont bon train, tous se plaignent du manque d'espace vert, du manque d'insonorisation, du manque de place à la cafétéria.

Je ne dis rien, statique, songeur : je ne pourrai plus effectuer de sieste ou écouter la radio, je ne pourrai plus travailler efficacement. Nostalgique du temps passé, je regarde chacun pinailler pour une place près de la fenêtre ou au bout de la salle. À juste raison sans doute.

Je me rappelle des tâches de chacun dont les miennes. Peu de personnes ne s'en préoccupe : chacun essaie de parfaire son réseau, son cercle d'influence, cherchant son intérêt. Appuyer ou dénigrer un collègue pour se grandir ou diviser, fomenter des alliances de circonstances par instant, selon l'opportunité du moment, se prétendre indispensable et menacer de partir afin de recevoir une prime intéressante, parvenir à prendre des décisions importantes sans en subir les conséquences, connaitre les petites cachotteries au sein de la société ou manipulations turpides de nos collègues fait montre d'une intelligence sociale opérationnelle, à défaut d'un travail constructif.

Quand même, ce gratte-ciel simule davantage un Kho Lanta en jungle urbaine qu'une organisation toute-puissante.

Plus le temps passe, plus je m'habitue à mon espace, plus j'appréhende celui-ci. Nous voyons les allées et venues de chacun, nous entendons les conversations téléphoniques ou orales de tous. Je ne peux plus me concentrer sur un sujet. Nous sommes davantage proches physiquement, mais curieusement, les discussions se font plus difficiles ; pour discuter entre collaborateurs, nous devons nous éloigner et espérer trouver une « bulle », petite pièce fermée, qui soit non occupée.

Dans ce nouvel emplacement, je stationne non loin d'une collègue d'un autre service, elle n'est pas cadre. Par ses appels, je comprends rapidement en quoi consiste une famille monoparentale. En plus de son travail, la cuisine, le ménage, les papiers administratifs, elle s'occupe de son garçon de quatorze ans. Je l'entends lui dire le mercredi à travers le combiné qu'il ne peut sortir rejoindre ses copains et qu'il doit travailler. Cette collègue lui parle rudement, travaille, retéléphone et retravaille.

Je conçois les réticences des employeurs à embaucher des femmes élevant seules leurs enfants et pourtant, il faut bien le dire, ces femmes montrent un courage exemplaire, remarquable. Je suis admiratif en la regardant s'activer et honteux en me comparant à elle. Quelquefois, j'aimerais tant l'aider, mais je ne sais que faire : je ne souhaite pas me marier avec elle. Le temps a marqué son visage et je reste amoureux d'Églantine.

De retour chez moi, la nostalgie aidant, je veux écouter les chroniqueurs radiophoniques. Quand j'allume le poste, j'entends l'harmonica introductif du chef-d'œuvre de l'homme d'or : « elle a fait un bébé toute seule ». Je comprends enfin les paroles : oui, elle court toute la journée ; oui, elle court de décembre en été ; oui, c'est difficile. Cette chanson décrit superbement la réalité, même si la mienne ne fume pas.

Un changement ne venant jamais seul, mon responsable David quitte son département pour un autre tandis qu'un nouveau nous est attribué. Les rumeurs murmurent le nom d'un polytechnicien, un homme brillant qui pourrait révolutionner le service. Je suis heureux, c'est un beau challenge et cela promet d'être très stimulant intellectuellement.

## Déambulation sans système

Nos premières réunions se déroulent bien. Je me rends rapidement compte qu'il ne connaît rien aux sujets mais ce n'est pas grave, nous pourrons lui apprendre rondement les rudiments du métier, il pourra devenir opérationnel sous peu.

Pourtant, le temps passe et il ne s'améliore pas, il n'arrive pas à se défaire de ses préconceptions. Sûr de lui, on dirait qu'il ne souhaite pas progresser. Par exemple, alors que la deuxième réunion mensuelle se déroule à l'écouter complexifier les process sans consultation préalable, un collègue se fait rabrouer sèchement en lui proposant une idée. Bonne ou mauvaise, qu'importe, on ne se comporte pas ainsi, on écoute au moins la proposition jusqu'au bout. Ce nouveau directeur ne nous écoute pas, nous laisse à peine parler et semble se complaire à défaire le département.

Les jours se suivent et empirent, mon nouveau directeur nous demande d'envoyer des mails au vitriol à toutes les directions et même entre nous. Il se place derrière nous, nous dicte le mail à écrire et nous demande de l'envoyer. Il n'a même pas le courage d'effectuer lui-même ses saloperies. Bonne poire, j'accepte la première fois sous le coup de l'étonnement, une seconde fois assez énervé, mais refuse les fois suivantes.

Je comprends mieux pourquoi certains restent si longtemps au travail : pourrir ses collègues et le travail des autres s'avère particulièrement chronophage. Surtout, je me rends compte que par sa faute, il est maintenant beaucoup plus difficile d'obtenir les données d'autrui. En réponse à ces mails, chacun fait de la rétention d'information. C'est incroyable, je suis maintenant obligé de travailler au moins deux fois plus pour fournir trois fois moins.

Et dire qu'il doit se targuer auprès de sa hiérarchie de réussir à nous faire travailler davantage.

Sans doute veut-il cacher ainsi son incompétence, mais il a beau faire, elle est flagrante. Je veux discuter franchement avec lui : je demande un rendez-vous auprès de sa secrétaire. Une semaine après, une heure m'est accordée. Je lui exprime mon désaccord sur sa méthode : chacun doit pouvoir participer de manière active aux travaux sous peine de se démotiver ; ses idées compliquent les processus déjà complexes et augmentent le risque d'erreurs. Très calme, un petit rictus aux lèvres, il m'explique en parlant très lentement qu'il avait préféré couper court à la proposition du collègue pour ne pas accroître son assurance et éviter toute frénésie. Son but est de valoriser le service et de nous rendre irremplaçables, et donc indispensables. Je dois lui accorder ma confiance, je n'ai ni son expérience, ni ses diplômes. Il me remercie.


Je sors de son bureau décontenancé, je n'ai pas su quoi lui répondre. Il a raison, il réussit pleinement son objectif : le travail devient tellement pénible que personne ne songerait à convoiter notre place.


Comme il ne connaît pas le temps afférent à chaque tâche, il nous le demande. Au début, je m'étais fait truander, alors qu'il me demandait le temps nécessaire pour réaliser un travail, je répondais la réalité : cinq jours, fier de lui annoncer que mon équipe travaillait efficacement.

— Vous avez trois jours pour réaliser ce travail, me dit-il alors sèchement.

J'ai dû rester au travail à des horaires tardifs et malgré cela, nous n'avons pas réussi à respecter les délais.

Je comprends maintenant que le stress ne provient pas de la quantité de travail à fournir, mais de penser que l'accomplissement de ce travail sera trop tardif.

Je me suis excusé auprès de mon équipe et promis que cela ne se reproduirait plus. Maintenant, si mon directeur me demande le temps nécessaire, je réponds quinze jours, il me donne alors dix jours, nous finissons en cinq jours et attendons la dixième journée pour lui présenter les travaux, juste par sécurité, et pour que le directeur ne sache pas le temps nécessaire pour effectuer un travail donné.

Quand je pense que certaines personnes vivent en état de stress durant toute une carrière, celles-ci doivent ressentir, de façon permanente, le même effet que de se retrouver dans un embouteillage en se sachant attendu.


Je commence singulièrement à me lasser de ce job, je perds un temps incroyable à obtenir le moindre renseignement ou suivre les process. Je n'ai pas que cela à faire, je m'étais mis à la piscine et je n'ai plus le temps de m'y rendre.

Les périodes de calme permettaient autrefois de vérifier les chiffres, elles se réduisent drastiquement. J'instaure une pression sur mes équipes et j'en ai honte. Ce n'est plus possible, je demande à voir une nouvelle fois mon responsable pour lui dire que mon équipe et moi n'arriverons sans doute pas à rendre dans les temps les prochains résultats souhaités, les données d'entrées nous ayant été fournies trop tardivement.

Il me félicite d'être venu le voir et me dit que nous allons voir ensemble comment améliorer l'organisation de mon service et la méthodologie à appliquer.

La réunion n'en finit plus, il m'explique des dispositifs absurdes et je passe un temps incroyable à lui expliquer ce que nous faisons. Il s'énerve et me dit que je refuse toute nouveauté. Devant sa non-compréhension, je finis par lui dire que nous ne disposons pas des outils informatiques adéquats ; la réunion dure depuis une heure et je dois avancer, je n'ai pas le temps de palabrer. Je le remercie de son aide et retourne à mon bureau.

Tant pis pour la véracité des chiffres, si nos calculs n'aboutissent pas aux résultats pressentis, nous mettrons alors directement les résultats pressentis, ces chiffres seront faciles à expliquer. Si une justification nous ait demandée, nous éclaircirons ce chiffre par « un dire d'expert », le nôtre. Nous n'avons pas le choix : les process nous obligent à la fraude.


Je ne me sens plus à mon aise au travail, j'en parle à des collègues qui m'expliquent que le nouveau responsable applique le vieil adage : « diviser pour mieux régner ». Ce n'est pas un imbécile, ça marche.

Oui, peut-être, mais comme dirait ce nouvel adage : « Il est plus valorisant de servir le bon que de régner sur un empire de crasse. »

Et dire qu'actuellement, je sers cet empire.


Sa hiérarchie le soutient, forcément, les pontes de mon entreprise doivent être encore plus en décalage avec la réalité du terrain. Bon, à leur décharge, il est vrai aussi que mon responsable affiche un beau costume et sait se présenter.

Vu que la haute hiérarchie ne parle jamais aux sachants, il leur est difficile de connaître le vrai du faux.


Quand même, plus nous travaillons, moins les sujets sont intéressants et les résultats précis. Cette situation m'exaspère et chaque jour, je montre davantage au directeur ma désapprobation et mon mépris.

La Direction des ressources humaines me convoque.

Durant l'entrevue, deux employés m'expliquent que cet homme est quelqu'un de formidable, d'une intelligence rare, sachant motiver ses troupes et que c'est une chance qui m'est accordée de pouvoir travailler et apprendre auprès de lui.

— Quoi qu'il en soit, vous devez respecter la hiérarchie. Estimez-vous heureux que votre supérieur n'ait pas demandé à vous renvoyer. Si vous continuez votre mauvais esprit, ce serait avec tristesse que l'on vous demandera de partir.

— Bon, d'accord, acquiescé-je, j'accepte de travailler à un nouveau poste qui soit intéressant, avec revalorisation salariale.

Mes interlocuteurs ont l'air étonnés de ma réponse. Ils se regardent l'un l'autre puis me disent qu'ils y réfléchiront.

Plusieurs mois passent et je refuse fermement plusieurs postes vraiment peu engageants.

Mon responsable, volontairement ou non, je ne le saurais jamais, continue de dégrader chaque jour l'ambiance et le travail de la direction, je n'en puis plus. J'organise la fronde, mais peu me suivent, beaucoup ont peur de sa réaction en cas de révolte et continuent à lui obéir.

— Il sait ce qu'il fait, me disent-ils, c'est lui le chef.

C'est vrai, peut-être est-ce moi qui ai tort. Pourtant, j'ai beau chercher du rationnel, dès que mon directeur prononce une décision, souvent unilatérale, je la trouve inadéquate, voire franchement stupide. Forcément, quand on ne connaît pas les sujets... mais il pourrait nous demander. Il est d'un prétentieux, c'est insupportable.

Commercial, mon responsable ne dit jamais qu'il ne sait pas. Il raconte n'importe quoi.

Le directeur présente ses décisions sur Power-Point. Celles-ci peuvent paraître intéressantes, mais retranscrire en quinze mots des idées qui tiendraient difficilement sur ne serait-ce qu'un page Word n'est pas une bonne idée. C'est joli sans doute, mais dangereux. Cela peut donner l'impression que l'on comprend la situation alors qu'il n'en est rien, sans compter le temps perdu à synthétiser et vulgariser tous ces sujets.

Un général américain déclarait d'un ton caustique au cours d'une présentation Power-Point décrivant la stratégie militaire des États-Unis en Irak qu'ils gagneront la guerre quand les généraux auront enfin compris le schéma présenté : les États-Unis ne gagneront sans doute jamais la guerre.

Je souffre de cette situation, tous les jours. Mes collègues, c'est pire. Ce directeur les considère comme des enfants. Il ose même remettre en cause le travail de ma courageuse : la femme monoparentale. Depuis de nombreuses années, cette femme fournit son travail parfaitement et dans les délais. Il se permet de lui proférer des remarques et critiques. Encore, encore, et encore. Tous les jours, il lui indique des soi-disant erreurs à ne plus commettre : un tableau non chartré ne correspondant pas aux couleurs de l'entreprise ; une méthodologie qui serait inadéquate ; une largeur de cellules trop importante... Tous les jours il lui demande de recommencer son travail, tous les jours sont prétexte à lui proférer des reproches. Même s'il ne hausse jamais la voix et qu'il emploie les formes, c'est insupportable. Cette femme subit un véritable harcèlement, un véritable dénigrement : ce n'est jamais bien, ce n'est jamais assez.

Progressivement, ma courageuse se déprécie et finit par croire ne plus rien savoir effectuer. Le cercle infernal est enclenché. Réaliser dix fois par jour le même travail implique des retards de délais, du stress, de la peur et donc des erreurs. Elle n'arrive plus à rien, elle s'éteint, elle est détruite.

On ne peut que difficilement attaquer directement le directeur : il n'existe pas vraiment de faits précis, seulement des mini-humiliations à répétition, pernicieuses. Et encore, le mot humiliation reste trop fort. Il a détruit cette femme de par son statut.

Je me sens investi d'une nouvelle mission : défendre les salariés de l'entreprise. Je veux devenir délégué syndical. Justement, les élections approchent : je veux me présenter pour devenir élu. Je souhaite créer un nouveau syndicat avec plusieurs de mes collègues prêts à me suivre. Nous allons révolutionner l'entreprise.

Renseignement pris, ce n'est pas possible, nous devons préalablement montrer que ce syndicat est « représentatif ». Comment montrer sa représentativité s'il est nouveau ?

Je suis obligé de me présenter à partir de l'un des cinq syndicats historiques (CFE-CGC, CFDT, CFTC, CGT, CGT-FO). J'ignore complètement de qui les syndicats de l'entreprise sont composés, nous n'avons aucune nouvelle de leur part, je me renseigne pour pallier cette ignorance.

À force de persévérance, je réussis à obtenir le nom des délégués syndicaux de chacun des syndicats. Tous me disent que la liste qui sera soumise au vote des travailleurs est complète : les anciens se repositionnent aux mêmes postes. Les listes seront quasi identiques aux précédentes élections. On me conseille de me syndiquer si je souhaite figurer en liste éligible un jour. Pour les prochaines élections, ce ne sera pas possible.

Aux élections des délégués du personnel, en guise de protestation et ne connaissant de toute manière personne au sein des cinq listes présentées, je vote blanc. À mon grand dam, personne ne s'en rend compte, comme pour les élections précédentes, plus de soixante pour cent des salariés se sont abstenus.

De toutes les façons, les salariés ne peuvent renouveler leurs représentants. Les choix présentés, programmes et personnes, n'évoluent que peu entre les élections.

Personne n'aidera ma courageuse contre le joug directorial, personnellement, j'estime avoir effectué mon possible.

Toujours, encore et toujours harcelée, cette femme finit par contracter un burn-out. Je le sentais venir, elle présentait tous les symptômes. Cela faisait un certain temps que je lui conseillais de se rendre chez son médecin et de se faire arrêter. Elle insistait pour me dire que ce travail était sa fierté : elle a toujours voulu être indépendante et jouer un rôle dans la société.

— Je suis maintenant dépassée me disait-elle, mais je veux m'accrocher.

J'essayais de la rassurer sur ses capacités et la valoriserais. J'en profitais pour critiquer violemment notre directeur en lui disant que lui, était bien un incapable. Elle ne m'a pas cru.

Psychiquement et physiquement affectée, elle se retrouve en arrêt maladie longue durée.

Notre directeur me dit que cette femme est incapable de travailler durement : il ne sait pas ce qu'il fera d'elle à son retour. S'il n'arrive pas à la renvoyer, il demandera sa mutation dans une autre direction, il ne veut plus la revoir.

En attendant, il est bien ennuyé, personne ne sait effectuer le travail de cette femme et ce manque pénalise grandement le service.


Plus le chiffre d'affaires et les résultats de l'entreprise diminuent, plus mon directeur se targue de son travail et de ses compétences en management. Pourtant, les richesses latentes de l'entreprise, dissimulées ou non, fondent comme neige au soleil. Il sera bientôt difficile de le cacher comptablement et je ne souhaite pas me retrouver en difficulté, je veux vraiment partir.

Ma relation avec le directeur se dégrade, encore. Nous entrons en lutte ouverte, son pouvoir prend le dessus : les informations ne me parviennent plus, je me sens progressivement mis à l'écart, exilé, ignoré. Je ne suis même plus invité aux réunions, y compris celles où mes travaux sont présentés. Je ne sers plus à rien ici.

Ce sentiment d'inutilité s'avère difficile à vivre, je navigue sur un bateau en perdition et l'on m'interdit de colmater les fuites. Voir ce gâchis me déprime et je ne veux rentrer en dépression : j'accepte la guerre stratégique de mon directeur et contrefais ses avanies.

Combattre perfidement occupe et soulage, mais rester constamment en alerte des agressions potentielles ne me plaît guère, je recherche activement un nouveau travail.

Par chance, enfin, les ressources humaines de l'entreprise me proposent un poste intéressant. Je ne le laissais pas paraître, mais j'allais bientôt démissionner, même sans nouvel emploi. J'ai eu raison de persévérer et rudoyer mon responsable. Il a sans doute fait pression pour que l'on me trouve un poste loin de sa direction. Justement, on me propose un poste de directeur adjoint : celui des partenariats. Peut-être est-ce effectivement une mise au placard, tel que me préviennent des amis collègues. Qu'importe, je suis las de batailler avec mon chef actuel et le poste est assorti d'une augmentation salariale conséquente.

De surcroit, je pourrai apprendre un nouveau métier. Motivé par ce nouveau challenge et pour ne pas partir de rien, je m'en vais regarder le sens du mot « partenariat ».

Ma progression au sein de l'entreprise est fulgurante, mon échelon hiérarchique est maintenant parmi les plus élevés et j'en suis fier. Je veux réussir mon nouveau travail et ne pas réaliser les mêmes erreurs que mon ancien directeur. Je sais que je ne connais rien aux tâches de cette direction : je ne changerai rien.

Après une immersion et les débriefings de mes nouveaux collègues, je comprends que mon nouveau job consiste à déjeuner avec les responsables des nombreux partenaires dont les rôles consistent à déjeuner avec les responsables des nombreux partenaires. Le travail est intéressant, la nourriture est souvent délicieuse, quoiqu'un peu trop sophistiquée.

Théoriquement, je dois continuer à travailler étroitement avec mon ancien directeur technique, celui-ci fournissant à notre direction les analyses de rentabilité et de production. Connaissant sa manière de s'occuper et la qualité de ses travaux, je préfère ne pas utiliser les éléments fournis. Mon équipe gagne du temps pour un résultat bonifié. Nous la jouons au feeling : moins le partenaire a l'air de travailler, plus il est efficace et rentable.

Ce n'est pas toujours facile de démêler le vrai du faux. Je remarque en effet que les partenaires essaient toujours de dépeindre leur entreprise comme travailleuse alors qu'il n'en est rien, ou si peu. Compétence ou travail, il faut choisir, je préfère la compétence que je jauge par le désœuvrement. Ainsi, arrivons-nous à limiter la casse.

Bien sûr, seul mon directeur technique récolte les fruits de ce travail : son exposition et son assurance permettent sa mise en lumière. Il est dommage de constater que ceux qui demandent ou écoutent les conseils et montrent quelques doutes sur leurs dires sont bien souvent déconsidérés, alors que cela montre une soif de progression.

Mais bon, en soi l'aura de mon ancien directeur ne me dérange pas vraiment. Tant mieux pour lui. Ce qui me gêne en revanche, c'est le retour de ses équipes avec lesquelles j'ai gardé contact. Celles-ci triment, sans challenge, sans remerciement et dans un stress permanent. Je voudrais rapatrier un maximum de personnes dans ma direction, mais pour obtenir une place, il faut attendre le départ en retraite des collaborateurs de ma direction. Ce n'est pas encore arrivé.

Après avoir déjeuné dans un succulent restaurant près du champ de mars, j'apprends à mon retour que le comité exécutif nous signifie, afin d'améliorer le résultat de l'entreprise, une mission supplémentaire : la réduction des frais généraux, avec un objectif de quatre millions d'euros par an. C'est une idée excellente, il fallait y penser. Le seul problème, c'est que les dirigeants ne nous donnent pas de piste d'économie. Bon, le contrôle de gestion préconise la suppression des calendriers, la limitation des impressions et le remplacement d'une personne sur deux partant à la retraite. Ces idées ne sont pas plus bêtes que d'autres, si cette dernière mesure peut être neutre [je me souviens en effet du départ en retraite d'un salarié dont les travaux n'étaient plus utilisés depuis longtemps (avant son départ définitif, nous avions tout de même organisé une passation de savoir fictive afin que celui-ci ne se doute pas qu'il avait travaillé de nombreuses années pour rien)], elle peut aussi s'avérer gênante selon les services et, comme cette mesure sera appliquée de manière globale et non pas au cas par cas, cela pourra poser problème. Bon, cela ne me concerne pas vraiment. Contrairement à une direction voisine où plus de la moitié du personnel arrivera en retraite sous peu, cela ne concerne personne dans mon équipe avant dix ans.

Malgré tout, je dois annoncer à mon collectif de maigres augmentations, voire aucune. Le système de primes est également modifié, nous ne pouvons plus les mutualiser. Cela permet, paraît-il, à force de concurrence, de motiver les salariés au travail. Nous pouvons distribuer un nombre défini de « tickets de prime » : zéro, mille, deux mille ou cinq mille euros

Je me trouve bien embêté. Dois-je récompenser le travail de ceux qui se donnent du mal pour peu de résultats ou le contraire ? Surtout, je ne connais que peu le travail de chacun et je n'ai pas le temps de les suivre au quotidien.

Je souhaitais distribuer la plus grosse prime à Jean-Louis. Je sais qu'il se donne à fond pour son travail, à tel point que des boutons d'herpès se sont formés sur son visage. Mon responsable me conseille et dit qu'il ne sait pas gérer la pression : il ne tiendra pas longtemps dans l'entreprise. Cela ne sert à rien de le gratifier.

Dans le doute, je crois que je donnerai la prime de cinq mille euros à Sabrina : elle montre un joli sourire et je pense qu'elle en a plus besoin que d'autres. Elle achète souvent des habits de marque.

Pour améliorer la qualité du travail et le bien-être de mon équipe, je propose que nous automatisions une série de tâches manuelles, ennuyeuses et sujettes à erreur.

— Nous ne pouvons dissoudre la fonction de personnes ayant tant apporté à l'entreprise, me rétorque-t-on.

Comprenant l'enjeu du service, j'acquiesce et patiente, attendant la fin de la journée pour me rendre à un dîner organisé avec mes vieux amis.

Je détiens un budget consulting et je dois le dépenser. Mon directeur me dit que si je ne le consomme pas cette année, je ne disposerais plus d'un tel montant l'année prochaine alors qu'il pourrait s'avérer nécessaire. Le problème est que je ne sais vraiment pas sur quoi allouer ce budget cette année.

Heureusement, au cours du dîner de ce soir, un de mes amis me propose d'utiliser sa boîte de conseil pour réécrire les process. Mon équipe n'aura qu'à lui dicter ce qu'il devra retranscrire et sa société élaborera la mise en forme.

— D'accord, lui dis-je, mais le prix ne pourra être supérieur à huit cents euros hors taxe par jour-homme. Vous disposerez de soixante jours-hommes.

— Parfait, me répond-il avant de vouloir régler la totalité du dîner et d'offrir la tournée.

Généreux, je l'arrête :

— Attends, pas de soucis, je ferai une note de frais.

---

Le lendemain, j'apprends à la radio que le cours de bourse de ma compagnie monte en flèche : ma compagnie veut licencier plusieurs centaines de personnes.

Les actionnaires n'ont pas compris que les bénéfices n'apparaissaient pas par magie et que les salariés présentaient une utilité.

Le jour d'après, mon directeur me dit que je dois licencier quinze personnes au sein de la direction. Il me charge de cette tâche. Il a confiance en moi.

Je suis bien embêté : je vois des visages en face de moi, des histoires. Ce ne sont pas juste des chiffres, ce sont des humains. Il est plus facile de licencier des numéros que des hommes.

J'essaie de trouver la parade. Je confie cette tâche à une personne qui me semble responsable.

— J'ai confiance en vous, lui dis-je.

Me voilà libéré d'un lourd fardeau !

Ma collègue semble embarrassée en retour et retient ses larmes. Voyant son désarroi, je préfère détourner le regard : je suis un émotif.

Un ange passe avant qu'elle ne me réponde :

— Je négocierai les primes de départ avec mes collègues en privilégiant le licenciement à l'amiable avec les plus compétents : ceux-là retrouveront du travail sans doute plus facilement, me dit-elle.

Je la félicite, c'est une très bonne idée.

Peut-être.

Le coût de ces licenciements sera important : entre les indemnités de licenciement, les compétences perdues et les futures embauches pour compenser les départs, la société prendra cher. Il est dommage que nos actionnaires, sûrement composés en partie par des fonds de pension et gérés par des algorithmes, ignorent jusqu'à l'activité de notre compagnie.

———————

Comme prévu, mon ami arrive dans ma société pour travailler en tant que consultant pendant trois mois. Il attendra plus d'un mois avant d'obtenir un ordinateur et commencer à faire semblant de s'occuper. Heureusement que son emploi était plus ou moins fictif, à huit cents euros hors taxe la journée, cela aurait engendré un coût important inutile.

Si notre direction a subi le départ plus ou moins volontaire de quinze personnes, j'apprends que mon ancienne direction a pu recruter une dizaine de personnes. Ils n'arrivaient plus à fournir le travail demandé.

— Notre direction se renforce, se flatte mon ancien directeur.

Être inefficace peut apporter bien des agréments.

———————

La plus grande difficulté de mon nouveau métier provient des nombreux mots de passe à apprendre. Chaque logiciel ou site sécurisé contient un mot de passe ayant une taxonomie différente : une majuscule ou deux, un ou plusieurs chiffres obligatoires... Selon le domaine, nous devons modifier ce code tous les deux, trois ou six mois. Il doit être différent, ou pas, à plus de cinquante pour cent des cinq derniers mots de passe.

Je m'y perds complètement. Comme tous, je suis obligé de noter sur une feuille tous les mots de passe pour ne pas me retrouver bloqué. Le service informatique ne doit pas le savoir, mais la sécurité est telle que n'importe qui pénétrant dans un bureau peut accéder à tous ces mots de passe.

———————

J'aime bien la nourriture, mais dans ce travail, je ne fais quasiment que manger. Je commence à saturer du chocolat et du champagne.

Ma profession consiste à réciter par cœur ce que mes collaborateurs me disent de répéter. Je ne suis pas expert, je ne comprends pas toujours les subtilités énoncées ; heureusement, mes interlocuteurs de tablée non plus, ça passe, mon ignorance ne se remarque pas trop.

Je travaille bien et ma hiérarchie est satisfaite, mais l'impression que certains de mes subordonnés n'apprécient pas ma totale confiance en leurs travaux m'attristent. Ils reprochent ma non-participation et mon absence d'analyse à leurs tâches.

Comment pourrais-je analyser ce dont j'ignore ? Ce sont eux les experts, je ne suis que leurs responsables. Je sens que mon départ serait le bienvenu et j'en suis bien triste, j'apprends beaucoup auprès d'eux.


Quand un cabinet de recrutement me propose un poste de directeur technique au sein d'une mutuelle, je ne mets pas longtemps pour accepter. Au cours des entretiens d'embauche au sein de cette dernière, tous sont impressionnés par ma progression hiérarchique rapide. J'explique mon rôle irremplaçable au sein de ma société et les responsabilités qui m'incombent. Mon expérience importante en termes de management et la connaissance parfaite des sujets impliquent que je suis l'homme idéal pour le poste à pourvoir !

Bien sûr, j'omets quelques détails de ma vie professionnelle mais qu'importe, seule la vérité objective doit être écrite.

J'ai de la chance, ma candidature est acceptée, je commence dans trois mois, après ma période de préavis.

---

Je fête mon dernier jour dans la société. J'ai apporté des oranges, des cakes et un peu de champagne. Tout le monde est gentil avec moi et tout sourire. Même David a pu se libérer pour me souhaiter une bonne continuation. Je me faisais des idées, j'étais apprécié. Tous mes chouettes collègues se sont même cotisés pour m'offrir un cadeau : une magnifique montre marquée du sceau de l'entreprise. En guise d'hommage et de fin, tous se réunissent et me chantent, rigolards :

> *Merci patron, merci patron,*
> *Quel plaisir de travailler pour vous,*
> *On est heureux comme des fous.*

J'en ai la larme à l'œil. Je remercie tout le monde chaleureusement, j'aurais tant aimé les connaître davantage, je ne connais même pas le nom de la plupart.

---

Mon nouveau travail commence et je suis fort content d'apprendre qu'en sus des vingt-cinq jours de congés payés, j'aurai droit à plus de vingt jours de RTT. La mutuelle se porte à merveille, les résultats sont excellents : je devrais d'ailleurs toucher plus de trois mois de salaires en participation chaque année. Les fonds propres sont plus que confortables, les process nickels et les actionnaires n'existent pas :

nous n'avons aucune demande superflue, nous pouvons agir efficacement.

Finalement, peu de monde travaille au sein de la direction et c'est bien suffisant. Les travaux ont été automatisés et chaque tâche se réalise avec une facilité déconcertante. Nous n'avons pas à recommencer maintes fois les mêmes calculs pour retomber sur le résultat souhaité et les fonds propres sont tels qu'aucune optimisation n'est nécessaire. Tout fonctionne facilement, nous n'avons rien à réaliser, ou si peu.

Seul le décryptage et la compréhension des textes officiels concernant le calcul de la solvabilité de l'entreprise s'annoncent ardus. Nous passons plusieurs heures à essayer de décrypter les termes employés, y compris les définitions. Par exemple, il est écrit que le terme « FPfuture » correspond « aux primes à acquérir au-delà de 12 mois, pour les contrats dont la date de reconnaissance tombe en N+1, à l'exception des primes à acquérir dans les 12 mois qui suivent la date de reconnaissance ».

Qu'est-ce que cela veut bien vouloir dire ?? Après de nombreuses réunions à analyser chaque mot, nous étayons quelques hypothèses de signification et demandons confirmation auprès de l'organisme officiel français. Nous n'aurons pas la réponse : celui-ci ne comprend pas non plus la signification de cette définition. C'est frustrant de ne pas connaître la solution à une énigme.

La Banque de France reçoit une flopée de chiffres que les entreprises remplissent. Sans doute aucun de ces chiffres ne sont comparables. J'espère qu'aucune conclusion n'est déduite de ces retours.

J'essaie de combler l'inactivité au bureau en créant des séminaires mais le nombre permis m'est limité. Une sieste ne dure que deux heures, j'ai parcouru Wikipédia sur de nombreux sujets : je ne sais plus comment m'occuper. Non, rien, rien, il n'y a rien à faire. Je ne pensais pas que cela m'arriverait un jour mais je m'ennuie, et d'une force !

J'ai tellement l'impression de me sentir oiseux, je sens mon énergie s'estomper par le rien, je me sens las, le cerveau lent, j'aimerais tant travailler ! Par principe, je ne veux pas créer du travail inutile comme tant de gens savent si bien accomplir, je dois trouver une solution.


Je sais, je vais apprendre le coréen. Je continue de temps à autre à correspondre avec Yun mais, malgré mes demandes, elle continue à m'écrire en coréen. Comme je ne comprenais pas ses lettres, je répondais en chinois. C'est l'occasion de savoir enfin ce qu'elle devient. Je suis bien content de cette initiative.

## Navigation près du fumoir

Après le refus du Parti socialiste de soutenir ma candidature à la mairie de Clichy, et ce malgré la promesse du premier secrétaire, je veux montrer le poids de ma mouvance et donc de ma personne au sein du parti : j'incite donc les militants qui me suivent à quitter le Parti socialiste qui, leur dis-je, ne les soutient que partiellement.

Qu'importe la formation intellectuelle, même contestataire : en toute fin, la personne se dirige où on lui dit de se rendre.

Enfin ! Je suis écoutée par mes partisans, beaucoup partent rejoindre la Ligue communiste révolutionnaire ; tant et si bien que le Parti communiste français, pour continuer à devancer son concurrent, me propose par voix de partisans un poste à responsabilité permettant de se retrouver en liste éligible pour la députation. Mon stratagème a fonctionné : je souhaite de suite discuter avec les cadres du Parti socialiste. Je ne suis pas de celles qui vont mendier leur place sans réseau militant.

Mes relations haut placées me permettent de déjeuner avec un sénateur ayant l'expérience d'une longue carrière. Je lui explique tout de go que je suis une tueuse en politique, qu'ils doivent faire attention à ce que je ne fasse pas exploser la gauche, que je représente déjà un demi-pourcent du parti et ce demi-pourcentage peut faire basculer le déroulement d'un vote. Je veux devenir mairesse de Clichy dès deux mille huit.

J'expose toute ma verve, tout mon panache, toute ma science politique : nos idées ont besoin d'une femme forte, d'une femme qui rassemble, avec de l'ambition. Nos idées ont besoin de moi.

Pensif, mon vénérable interlocuteur mange élégamment et m'écoute sans rien dire. Ayant fini son repas, il m'avoue qu'il apprécie beaucoup mon père et qu'il fera son possible pour que je puisse obtenir la mandature. Nous finissons nos verres et trinquons à nos valeurs.

Je ressors rassurée de ma présence : j'existe en politique.

Un mois plus tard, le président de région me convoque à la fin d'une réunion précédant le Conseil régional pour que nous discutions entre nous. Mon cœur bat fort, il y a de fortes chances que ma relation grisonnante ait fait montre de son influence auprès du parti pour que je puisse m'imposer au sein de celui-ci.

Le président de région m'annonce que Monsieur Catoire représentera de nouveau le Parti socialiste à la mairie de Clichy, il est de mon intérêt de ne pas insister.

Je suis sous le choc, il est incroyable que l'on me refuse cela, je ne pensais pas que l'ancien maire possédait des soutiens aussi puissants auprès des cadres du parti ; peut-être connaît-il aussi où sont enterrés les cadavres.

Je réfléchis. Bien qu'intéressante, je ne peux accepter la proposition du PCF car il me serait alors impossible de revenir au Parti socialiste, seul parti pouvant me permettre d'accéder à la fonction de présidente de la République. Être députée toute une vie serait satisfaisant mais je veux plus. Je me risque à rester au sein du Parti socialiste.

Que faire alors ? Je tâte le terrain, je demande conseil, puis accepte la proposition de mes camarades de mouvance de me présenter en candidat libre à la mairie de Clichy, sans étiquette. Je suis porteuse malgré moi d'une espérance.

Le nombre de mes camarades de mouvance s'est fortement réduit depuis la sédition de ceux qui m'ont écoutée et leur départ pour la LCR ; je ne comprends pas pourquoi ces derniers, voyant que je ne les rejoins pas, ne conviennent pas que le meilleur moyen de combattre le système serait de revenir à mes côtés. Je leur promets beaucoup s'ils se ralliaient de nouveau à ma cause, c'est ici que nous pouvons réellement changer le monde.

J'obtiens pour seule réponse que la LCR est un vrai parti révolutionnaire, lui, sans compromission : révolutionnaire !

— Comme le dernier aspirateur, les raillé-je.

Décidément, les gauchistes ne sont en rien constructifs. Ils ne sont pas disciplinés, à quoi bon faire réfléchir les idiots ? Il suffit de marteler encore et encore nos phrases pour que ceux-ci les acceptent.

— Revenez, leur dis-je, c'est pour le bien des travailleurs.

En vain, je ne détiens plus maintenant que très peu de partisans.

Heureusement, je reçois l'appel d'un député de droite qui a eu vent de ma candidature, il souhaite que je me présente sous l'étiquette divers gauche car il a confiance en mes capacités. C'est un bon ami du président de la Fédération française de boucherie à qui j'avais promis un abaissement de charge pour tous les vendeurs de viande. Ce soutien est inespéré, d'autant qu'il serait accompagné d'un financement de campagne.

Je profite de cette opportunité, portée par mes amis camarades qui, bien que moins d'une dizaine, sont toujours prompts à me conduire vers un avenir intéressé. J'oriente mon temps et mon énergie vers des sujets importants : j'assiste à des cours de maintien, de théâtre, apprends les angles de vue télévisuels efficaces. Je me rends à toute réunion, meeting, comité, marché à Clichy. Visible et transparente dans mes discours, j'apparais à tout regroupement et consolide mon début d'implantation. Selon un sondage réalisé par mes soins, je suis déjà à plus de deux pour cent d'intention de vote, je peux faire trembler le maire actuel.

C'est effectivement ce qui se passe, je reçois un appel d'un cadre du Parti socialiste m'informant que si je ne renonce pas à ma candidature, je serai renvoyée du parti, je dois obéir et ne pas gêner l'investiture du maire actuel.

— Pas pour lui, mais pour le bien-être des travailleurs, me dit-il. Tu seras bien sûr récompensée pour ta loyauté, dans un futur proche.

Si je ne me désiste pas, me dis-je, j'aurai au mieux une carrière municipale. Jamais je ne pourrai accéder à de hautes fonctions nationales sans le soutien de mon parti, je le sais bien. Les réseaux, les conseillers municipaux qui ne votent mesquinement que pour des raisons d'investiture, je ne veux pas être de ceux-là. Je veux être de ceux qui sont votés pour des raisons d'investiture.

J'explique au cadre du Parti socialiste que je ne pense pas que ma base militante soit suffisamment prête pour assumer un rôle municipal important : je retire ma candidature.

Je soutiendrai certes la personne investie par le Parti socialiste, Monsieur Catoire, mais suffisamment médiocrement pour le discréditer et le remplacer facilement en deux mille quatorze.

C'est ainsi que je me retrouve en attente, désœuvrée. Je relativise mon parti, la vie politique, les militants enthousiastes, remplis d'humour et déraisonnables, et les dirigeants cyniques, remplis d'humour et bien déraisonnables aussi.

Je ne suis ni cynique, ni déraisonnable mais obéissante, je perds de ce fait tout enthousiasme. Peut-être pourrai-je changer le système quand je serai au pouvoir et ne plus m'y plier ?

---

Je m'inquiète : Clément ne m'appelle plus, je ne sais pas ce qu'il devient, j'espère qu'il ne lui est rien arrivé. J'hésite à le rappeler, mais quand même, cela me semblerait un peu honteux si je devais entreprendre le premier pas. Je suis féministe et je souhaite garder ma fierté.

Enfin, un jour, le numéro de mon beau s'affiche, j'attends quatre ou cinq sonneries avant de décrocher. Cela me fait plaisir de l'entendre, cela fait bien longtemps.

Quelle déception ! Après quelques amabilités, il m'appelle en réalité pour me demander de l'aider :

tous les mêmes. De toute manière, que pourrais-je entreprendre contre ses voisins ? À son prochain appel, je le renvoie sur Kévin : entre demandeurs, ils devraient bien s'entendre.

## Déambulation entre voisins

Las de vivre dans un mini-studio étudiant, je continue de rechercher un bel appartement dans mon chouette quartier qui s'est incroyablement modifié en quelques années : les immeubles sont sortis de terre à tire-d'aile et les commerces ont fleuri.

Je visite de nombreux appartements et déniche un beau duplex avec une magnifique vue sur les buildings. L'avantage de bien connaître le quartier est de ne pas devoir effectuer une enquête de voisinage sur la sécurité. Après acceptation de mon dossier auprès d'une banque, je peux profiter de mon nouveau chez-moi, mon nouveau cocon.

Le déménagement s'avère facile, je louais un meublé et ne possédais que peu d'affaires : un logement de dix mètres carrés ne permet pas de conserver tout ce que l'on souhaite. Aussi, pour m'assurer un logement confortable, ai-je la joie de rejoindre tous les samedis le flot des citadins afin de choisir un mobilier adéquat, chaleureux et fonctionnel. Mes amis m'aident et me conseillent, je place méticuleusement chaque objet à l'endroit idéal, chaque plante dans la pièce appropriée, j'essaie d'instaurer une harmonie d'ensemble, une beauté commode.

Mon palier comprend trois portes, y compris la mienne, mais seul un autre appartement est occupé par une famille d'au moins quatre personnes. Cette famille me paraît bien sympathique, vivante, bougeant couramment entre chez elle et dehors, claquant systématiquement la porte. Cela ne me dérange pas beaucoup car une fois leur porte fermée, je ne les entends plus trop, sauf certains soirs où les cris jaillissent et c'est alors assez impressionnant. C'est normal, c'est souvent ainsi que vivent les familles, c'est quelquefois la pagaille ! Il faut gérer un petit monde bien énergique. Enfin, ma résidence étudiante était quand même plus calme.

Ce qui est plus gênant, c'est l'habitude prise par la famille d'utiliser le couloir comme déchetterie. Les sacs-poubelles restent sur le palier, et, bien que fermés, une odeur rebutante quoique douceâtre s'en dégage tant et si bien qu'elle embaume jusqu'à mon appartement. Je dois bénéficier d'un nez sensible parce que cela ne semble déranger que moi : mes voisins peuvent laisser les sacs poubelles ainsi sur le palier pendant plusieurs jours sans chercher à les descendre. Voulant montrer l'exemple et incommodé par les odeurs, surtout après le cumul de trois ou quatre sacs-poubelles, je descends maintenant systématiquement leurs déchets aux conteneurs prévus à cet effet. La situation n'est pas idéale, mais cela pourrait être pire.

Je veux devenir un bon voisin et je fais mon possible pour y parvenir. Bien sûr, chaque fois que la mère ou l'un des fils vient me demander de l'huile, du sucre ou de la nourriture, je leur en fournis avec plaisir. Sans doute oublient-ils de me rendre les bouteilles une fois utilisées mais ce n'est pas bien grave, au moins, je sais que ces denrées seront bien utilisées.

Les problèmes commencent réellement le jour où le fils aîné me demande huit œufs pour le dîner. Comme je n'ai que cinq œufs, je donne ceux-ci en m'excusant de ne pouvoir en donner davantage. Comme à son habitude, le fils aîné ne me remercie pas, mais cette fois-ci, il commence à m'insulter en me traitant de sale rat, crevard… J'hallucine, je reste coi tandis qu'il rigole. Je le regarde s'éloigner en me disant que décidément, je supporte de moins en moins leurs manières.

La vie continue et la situation ne s'améliore pas, au contraire. Maintenant, avec l'arrivée du froid, mes voisins laissent leur porte de palier constamment ouverte afin d'aérer leur appartement. En plus de l'odeur des déchets habituels, les odeurs de cuisson, désodorisants et autres émanations plus ou moins identifiées (comme l'odeur de tabac laissée par la mère venu sur le palier pour fumer en cachette) se mélangent et amènent la nausée à quiconque oserait s'aventurer à traverser ce couloir.

Peut-être suis-je le seul à ne pas apprécier cet environnement ? De nouveaux habitants vivent douillettement dans cette atmosphère putride : des cafards se baladent maintenant sur la moquette du couloir et se complaisent à se reproduire.

J'achète un boudin que je place sur le bas de ma porte, comme un mur.

Régulièrement, des personnes viennent rendre visite à mes voisins pour régler des comptes. Mes voisins ont du répondant. Si les cris, les menaces et les bousculades fusent, cela se termine rarement en bagarre. Malheureusement, par vengeance sans doute, ces inconnus reviennent pisser sur le paillasson de mes voisins dès qu'un semblant de calme réapparaît. Je le sens bien au matin quand je pars travailler.

J'ai honte de ce dépotoir. J'ai honte pour eux ou pour moi, je ne sais plus. Plus le temps avance, plus je suis ferme avec eux.

Un soir, plusieurs de mes amis les insultent en retour de leurs agressions. Bien mal leur en a pris. Le lendemain, en rentrant fatigué du travail, je vois trois œufs éclatés sur ma porte au milieu de crachats.

Trop, c'est trop, je me décide à leur parler. À peine ai-je sonné à leur porte déjà ouverte que le plus petit de la famille arrive en courant et m'insulte tout de go, me disant de déguerpir sinon son grand frère allait s'occuper de moi. Peu de temps après, la mère arrive et répète les dires de son fils, en plus haineux, strident. Je veux la calmer, j'essaie de lui parler en criant de plus en plus fort. Je lui hurle que ce n'est plus possible, sa famille doit arrêter toutes ses simagrées, ils n'ont vraiment aucune éducation et je finirai par me plaindre au syndic et à la police.

Je rate ma médiation, elle aboie de plus belle, complètement incontrôlée, hystérique. Elle affirme que je n'ai aucune preuve que ce soit ses fils qui aient lancé les œufs et que je profite de l'absence de son mari et du grand pour la martyriser. Je suis comme tous les autres, raciste, pervers, abruti. Elle me menace et me dit que je vais voir ce que je vais voir au retour des forts.

Je la regarde un instant sans rien dire. À quoi bon, elle est complètement folle. Je rentre chez moi et me dis que j'irai parler au père, il semble davantage raisonnable.

Le soir même, la mère sonne chez moi tout sourire pour me demander de l'huile. Sans doute a-t-elle compris ses erreurs. Voulant vivre en bon voisinage et n'aimant pas les conflits, je lui donne un peu d'huile dans un verre en plastique. Elle me remercie et retourne chez elle. Je m'endors encore sous le choc, mais certain que la situation s'améliorera.

Le matin suivant, je remarque une coulée d'huile sur ma porte et le mur attenant à mon appartement.

Je crois rêver, je suis chez les dingos.

Je pars travailler sans traîner pour ne pas arriver en retard au travail.

Le soir, je rencontre le père et lui raconte mes problèmes avec sa femme et ses fils. Il apparaît comme un homme posé et calme, il reste mon seul espoir de conciliation.

Dès le début de mes doléances, il me coupe sec en me disant que cela ne le regarde pas. Ce n'est pas son problème et je dois me débrouiller seul.

Au moins, je sais à quoi m'en tenir. J'écris une lettre de réclamation auprès du syndic. Les membres du conseil syndical compatissent : ils ont déjà voté l'exclusion de cette famille mais cela n'a pas été suivi d'effet, sauf de représailles provenant probablement des fils qui ont entièrement vandalisé le parking et les voitures stationnées dans celui-ci. Aucune preuve n'a pu être retenue contre mes voisins, le syndic n'ose plus agir. Je leur demande alors au moins de changer la moquette du palier, histoire d'assainir l'endroit. On me rétorque que cela ne sert à rien car la nouvelle moquette serait immédiatement dégradée. Autant attendre le départ de la famille.

On peut attendre longtemps, on voit bien que ce ne sont pas les membres du conseil syndical qui habitent à cet étage.

Plus le temps passe, plus la situation empire. Aujourd'hui, une forte odeur d'essence se dégage dès l'ascenseur. Arrivé à mon étage, je vois un scooter sur le palier. Pas de doute : ils sont fous. Décidément, ce n'est plus possible, je me décide à parler franchement avec la famille et me retrouve nez à nez avec l'aîné. Il se targue que ce scooter est le sien et qu'il ne veut pas se le faire voler, ce scooter restera donc sur le palier. Il me dit de faire attention, il vient de tirer six mois de prison et il n'est pas du genre à rigoler.

Je commence à en avoir plus qu'assez, je ne me laisserai pas intimider par un gringalet. Je perds complètement mes nerfs, je crie le plus fort possible devant le garçon souriant.

Je sais que cela ne sert à rien, mais il n'y a pas à dire, cela fait du bien. J'appelle les flics devant lui, il ne cesse de me dire doucement :

— Tu vas voir, toi, tu vas voir.

Oui, nous verrons ! Pour cette fois, la preuve est là, ostensible, et le risque d'incendie est énorme.

À l'arrivée de la police, ce con raconte qu'il a l'accord du syndic et que j'ai été violent avec lui, je l'aurais poussé contre le mur. La mère qui vient de sortir confirme ses dires.

— C'est vrai que j'ai un peu crié, dis-je, mais jamais le syndic n'a toléré le scooter, c'est extrêmement dangereux, c'est inacceptable.

Je passe deux heures en garde à vue.

J'en profite pour porter plainte mais la police refuse. Elle accepte une main courante et me conseille de faire attention, ces gens-là sont dangereux.

Je suis où là ?

Le palier est dégueulasse, on entend souvent des cris glaçants. Je n'ose plus inviter mes amis, j'ai trop honte de cet immeuble. Mes potes compatissent et ne cessent de réclamer vengeance contre la famille. Je sais bien que cela n'entraînerait qu'une complication du contexte, nous nous retrouverions alors dans une série de représailles qui n'aurait pas de fin. Je n'en ai ni le temps, ni l'envie.

Je regarde sur internet comment se préserver de voisins incommodants. Les réponses sont unanimes : déménager.

J'ai été bête au moment d'acheter, les crachats dans l'ascenseur auraient dû me mettre la puce à l'oreille, j'aurais dû revenir à l'improviste, quand l'ancien propriétaire ne venait pas de tout nettoyer. Maintenant, vu l'état du palier, jamais je n'arriverai à vendre. De toute façon, je ne veux pas truander l'acheteur potentiel. Je n'ai pas le choix, je dois me débrouiller.

Maintenant, à chaque méfait, cris, dégradation, poubelles qui s'entassent, crachats ou autres, j'appelle systématiquement la police. Je veux les obliger à réagir. Les agents apparaissent de temps en temps, prennent des notes, mais rien ne se passe. Je persiste. La copine de l'aîné se fait battre régulièrement. Je témoigne en sa faveur mais elle ne confirme pas mes dires, elle explique simplement que ces bleus sont dûs à des chutes. Je ne comprends plus rien, j'habite dans un autre monde.

J'achète une caméra et abandonne une journée de congé à rester derrière ma porte pour filmer un des membres de la famille en train de commettre un méfait : ayant droit à une expédition quotidienne, je ne peux pas rater cela. Je m'ennuie sévère de longues heures pour enfin apercevoir et filmer à travers le judas le cadet en train de lancer des œufs sur ma porte, puis me menacer de mort quand j'ouvre celle-ci. Tout est en boîte : je fonce au commissariat. Enfin les policiers acceptent de retenir ma plainte, ils me remercient et me disent qu'une convocation de la mère sera faite sous peu, mais bon, comme le garçon est mineur, cela n'ira sans doute pas très loin.

On ne sait jamais, peut-être la situation s'améliorera-t-elle un peu.


Rien ne s'améliore, bien au contraire. L'aîné qui ne cesse de flamber grâce à ses trafics traite tous les copropriétaires de crevards, crève-la-dalle. Depuis peu, il commence à développer un élevage de pit-bulls.

Les chiots restent sur le palier et s'en servent comme litière. Bien sûr, ces chiots déchiquettent les poubelles et répandent les détritus sur toute la longueur du palier. Bien sûr, l'odeur de l'essence permanente les rend fous : ils se battent, aboient et essaient de me mordre quand je rentre chez moi. Bien sûr, j'appelle encore et encore la police. Bien sûr : en vain.

Pour finir, un beau jour, les discours téléphoniques avec le commissariat changent : je dois arrêter de les harceler, je dois comprendre que cela ne sert à rien d'appeler tant que mes voisins ne m'ont pas agressé physiquement. Je ne dois pas me faire d'illusions, si je ne veux plus vivre chez moi, je dois déménager.

Je pleure doucement dans mon lit la nuit tombée.

La France est un État de droit ayant pour mission de protéger les citoyens et je veux le prévaloir. Je me rends donc à la mairie mais celle-ci m'informe qu'elle ne peut rien entreprendre, cette affaire ne rentrant pas dans ses prérogatives. J'appelle un avocat et, malgré ses honoraires impressionnants et ses promesses de résolution, rien ne se passe. Mon avocat me dit d'être patient, les procédures sont longues.

Suis-je bête, mes relations sont puissantes ! Ma belle saurait m'offrir son aide et c'est une bonne occasion d'appeler Églantine, cela fait longtemps que je n'ai pas eu de ses nouvelles. Je n'osais pas la contacter mais j'espérais qu'elle me téléphone. Cette histoire me donne un bon prétexte de la joindre.

Églantine semble enchantée par mon appel, cela me réchauffe le cœur, elle est si gentille. Nous parlons un long moment avant que je lui annonce ma requête. Églantine m'écoute sans rien dire. À la fin de mon monologue, elle m'explique que la mairie de ma ville se situant à droite, elle ne peut actionner ses relations politiques ; en revanche, elle connaît un procureur du tribunal de Bobigny et peut lui adresser directement ma plainte, le juge se saisira prioritairement de cette affaire. Je la remercie chaudement, décidément, c'est mon ange gardien.

Effectivement, peu de temps après avoir contacté le procureur, je suis convoqué par un juge : un procès aura lieu. Avec mon avocat, nous rassemblons toutes les vidéos compromettantes (elles sont nombreuses) et les témoignages anonymes. Même si ces preuves n'ont peu ou pas de réelle valeur juridique, nous nous rendons au tribunal et je suis confiant. Sur place, je croise la famille accompagnée d'une quarantaine de personnes me toisant de manière haineuse, méprisante. Ils me bousculent, invectivent les policiers présents. Ces gens-là pensent influencer le juge par la force, rigole-je. Cela me servira, le juge n'aura pas de difficulté à me croire et comprendre mon calvaire.

Le procès dure cinq minutes, la famille reçoit un rappel à la loi.

J'apprends que la mère est déclarée comme femme seule et perçoit de nombreuses aides

Mon avocat est satisfait, nous avons gagné le procès.

Oui, mais quand même.

Je lui demande pourquoi la famille n'est pas expulsée de son logement, cela m'aurait paru un minimum. Mon avocat répond qu'un bail ne se rompt pas aussi facilement et que de toute façon, ils ne pourraient pas se reloger immédiatement s'ils étaient expulsés, on ne peut pas reléguer une famille à la rue.

C'est vrai, on a gagné la bataille juridique mais mes voisins ne semblent pas l'avoir compris. Rien ne change, rien.

Au plus mal, j'organise des vacances loin d'ici, avec des amis. Je ne veux plus voir cela, je veux entreprendre un break.

Je me prélasse au soleil en essayant de force d'oublier mes affres de voisinage, d'oublier mon amour perdu, d'oublier mon ennui au travail. Je veux tout oublier en cet instant mais tout me remonte à l'esprit : quel échec de vie.

J'essaie de me rassurer : l'avenir ne peut que s'améliorer.

Déjà, mes vacances se terminent et je suis de retour, ce fut court, très court. Je rentre chez moi et déjà mon ventre tiraille, mes pulsations s'agitent, je ne sais ce que je retrouverai. Je ne le supporte pas rien que d'y penser et le stress m'envahit inutilement. La situation ne peut empirer par rapport à mon vécu, mais bon, on ne sait jamais.

À mon palier, rien n'a changé : les fortes odeurs d'essence, d'ordures, d'excréments, de nourriture et de moisi me remontent au cœur. Décidément, je ne m'y ferai jamais. Les chiots m'accueillent par des grognements et tentatives de morsures. Décidément, je ne suis pas le bienvenu.

Je repousse les chiots du pied et reprends ma respiration ; quelle horreur, ça pue.

Devant ma porte, je n'arrive pas à tourner le rotor avec mes clés, je vérifie la serrure : elle a été changée. J'entends la mère sortir de son appartement et jeter une nouvelle poubelle devant moi, nous nous regardons fixement.

— Savez-vous pourquoi ma serrure a été remplacée ? lui demandé-je, brisant le silence.

Elle sourit lentement et me dit que ce n'est plus chez moi ici, une famille y habite maintenant depuis plusieurs jours et je dois partir.

Elle ne bouge plus. Je reste silencieux et sonne à ma porte. De longues minutes plus tard, dans un bruit assourdissant, un homme imposant sort et me demande violemment ce que je veux.

— Je souhaite rentrer chez moi, réponds-je.

Il me coupe sec, cela fait maintenant plus de trois jours que lui et son frère ont emménagé ici et je dois maintenant trouver un nouveau logement, merci, au revoir. Il me claque la porte au nez.

Je suis au pays des dingos là, au secours ! Je sonne et resonne à ma porte puis appelle la police en attendant que mon squatteur rouvre la porte.

Les agents acceptent de venir, mais cette fois-ci, c'est vraiment la dernière fois me disent-ils.

J'attends plusieurs dizaines de minutes dans cette odeur écœurante mais mes interlocuteurs ne semblent pas incommodés, ils restent avec moi sans rien dire.

Enfin, la police arrive. Elle s'exclame que c'est une porcherie ici et nous demande ce qui se passe. Mon squatteur ressort et explique que lui et son frère occupent mon appartement depuis plusieurs jours et que je veux les en déloger. Il montre une enveloppe reçue il y a quatre jours à mon adresse et à son nom aux policiers, ce qui prouve ses dires.

Les policiers compatissent enfin à mon égard, ils me disent qu'ils sont désolés, mais ils ne peuvent pas les expulser de force sans ordre du tribunal. Ils m'invitent à porter plainte de suite au commissariat.

Ils partent et me laissent seul avec ces salauds, sourires narquois, me défiant par des hochements de tête. Le choc est tellement violent que j'en oublie de les frapper, tous. Je reste là, bringuebalant, ne sachant que dire ou quoi faire.

Je finis par réclamer mes affaires laissées dans mon appartement mais les frères refusent.

Heureusement, il me reste tout de même ma valise de voyage et ma carte bleue, mais il me manque les clés de voiture.

Tant pis, je me trouve un petit hôtel non loin et m'y installe en attendant de trouver une solution. Au moins, là, je serai tranquille, je n'aurai plus de voisins furieux.


Je me sens revivre. Cela faisait longtemps que je n'avais pas aussi bien dormi. Comme quoi, une vraie rupture, même dure, prévaut à l'accumulation de chocs.

La situation n'est pour autant pas résolue. Je porte plainte comme conseillé mais on me dit que le procès n'aura sans doute pas lieu avant plusieurs semaines, voire des mois.

Je devrai dormir à l'hôtel durant tout ce temps et cela me coûtera cher. Mon avocat me dit qu'il y a peu de chances que mes hôtes me remboursent les dommages causés et les intérêts. Heureusement, avec mon salaire, je peux disposer de deux logements distincts.

Quand je pense qu'après l'expulsion de mes squatteurs il restera toujours le problème de mes voisins, je ne vois pas la fin du tunnel.

Vive la justice, vive la France.

Je demande conseil à mes proches. Mes amis me proposent de m'aider à évacuer manu-militari les squatteurs mais ma famille me conseille de les rémunérés en échange de leur départ.

J'hésite, mes voisins et mes squatteurs connaissent parfaitement la justice et ont l'art de se transformer en victimes. La justice les craint et comme nous sommes innocents, toute action risquerait de se retourner contre nous.

Je rappelle Églantine pour lui demander de l'aide. Le son de sa voix me remplit le cœur mais je remarque vite son empressement. Elle me dit d'appeler Kévin, un copain à elle. Il saura peut-être m'aider. Je la remercie et elle raccroche.

Je pleure et repleure, cette fois-ci, cela semble réellement fini avec Églantine, elle ne veut plus me parler... et c'est qui ce Kévin ? Je ne le connais pas et elle le côtoie, il ressemble à un vrai tocard !

Je n'ai pas le choix, je l'appelle et lui explique froidement ma situation. Il est assez chaleureux et cela m'énerve encore davantage. Il me raconte ses problèmes de robinetterie :

— Mon plombier est un tel voleur que je me demande s'il n'est pas flic.

Il n'y a pas de soucis, il s'occupera de mon problème de voisinage rapidement :

— Avec plaisir, me dit-il. Je te demanderai juste un petit service en contrepartie. Ne le répète pas à Églantine, cela restera entre nous.

Bon, cela sent un peu le coup foireux mais j'accepte. Au point où j'en suis... et je suis tellement curieux de connaître sa méthode.

La semaine suivante, il me rappelle et me dit que je peux retourner chez moi. Tout est arrangé.

Dès le lendemain, je retourne à mon immeuble, curieux du résultat. Malheureusement, je constate que le palier n'a jamais été aussi sale. La porte de mon appartement est entrouverte et une fois entré à l'intérieur de celui-ci, je constate une grande pagaille.

Par contre, après inspection, je remarque avec plaisir qu'il ne ne se trouve plus, ni scooter, ni chiens, ni squatteurs et que la porte d'entrée de mes voisins est fermée. J'appelle un serrurier et change ma serrure qui est fracturée. Je remets en ordre mon appartement durant le week-end et quitte mon hôtel pour me réinstaller chez moi.

L'atmosphère semble irréelle, l'étage est étrangement calme, je n'ai plus de nouvelles de mes voisins. Je reste en alerte, mais tout semble effectivement arrangé.

Par curiosité, je demande aux membres du conseil syndical ce qui s'est produit durant mon absence, s'il y avait eu des événements quelconques dans la copropriété. Tout le monde reste flou et les versions diffèrent. Visiblement, ils ne connaissent pas vraiment les événements produits. Ils ont juste entendu plusieurs soirs de suite de forts heurts, des cris, des ébranlements. La police et les pompiers sont intervenus en nombre. Personne n'a osé monter à mon étage pour comprendre ce qui se passait : c'est le mystère.

En nettoyant le couloir, je remarque des traces de sang sur la moquette de mon palier.

À bien y réfléchir, mieux vaut ne rien savoir et tout oublier. Nous devrons changer la moquette rapidement, cela fait mauvais genre.

Tout cela n'est qu'un mauvais souvenir, tout est bien qui finit bien.

Il faudra aussi que je remercie Églantine : la France, tout comme moi, avons besoin de sa lumière.

## Navigation vers les sommets

Enfin ! Une réunion d'importance au sein du parti se déroulera sous peu et je suis invitée. J'ai insisté prestement pour y participer. Je me suis imposée mais l'enjeu est de taille : tous les cadres du parti seront présents, l'occasion idéale de me faire connaître. Au sein d'une région champêtre, la droite s'est alliée iniquement à l'extrême droite afin d'accéder à la présidence de celle-ci. Nous voulons démontrer que cette alliance oblige la droite républicaine à composer avec leurs alliés et les confronter à leur reniement.

Leurs alliés ne souhaitent pas voter une subvention en faveur des étudiants de la région et, sans l'appui du Parti socialiste, la droite ne sera pas majoritaire lors du vote de cette subvention. Ils ont en effet besoin des voix de l'extrême droite. Nous sommes confrontés à un dilemme délicat. Évidemment, nous souhaiterions que les étudiants obtiennent cette subvention mais, pour faire comprendre les conséquences de cette alliance (aucune décision de droite ne peut s'opérer sans l'accord de l'extrême droite), nous souhaitons voter contre.

Les discussions vont bon train. J'essaie de m'imposer en démontrant que la démocratie forme la base de nos valeurs et que nous ne pouvons accepter que l'extrême droite puisse régir une région ; quand bien même serait-ce au détriment des étudiants. La conséquence n'est imputable qu'à l'extrême droite et non à nos valeurs. De surcroît, la droite sera fort ennuyée d'apprendre notre opposition.

Une nouvelle fois, je déclame un discours préparé avec attention. Je sais que je n'aurai plus une telle occasion de me faire connaître auprès des dirigeants du parti.

Soudain, au cours de la réunion, j'entends une voix que je connais bien : Triboulet insiste sur le fait que nous renierions au contraire nos valeurs en refusant cette subvention aux étudiants qui en ont besoin. Si nous votions favorablement, la décision finale serait justement contraire à la position de l'extrême droite.

C'est vrai qu'il parle bien Triboulet, avec aisance et conviction : il arrive à captiver la salle. Je me laisse convaincre par ses arguments qui sont pertinents. Malheureusement, je ne peux avouer mon erreur en ce jour. Je ne voudrais pas que l'on croie que je suis sans caractère ou que je puisse commettre des erreurs. Aussi, voulant me réapproprier l'avantage, j'insiste de plus belle sur la nécessité de nous conformer à nos mentors : Blum, Jaurès et Moquet. Mitterrand n'aurait jamais accepté que nous pliions devant un parti conservateur, passéiste.

Curieusement, durant ma harangue, je me rends compte qu'il m'est plus facile de déclamer ce que je ne pense point. Je ressens en effet le besoin d'exprimer davantage de conviction pour convaincre.

Je crois que j'ai gagné la bataille, le parti se range à mon avis, nous ne voterons pas la subvention pour les étudiants.

À la fin de la réunion, Triboulet vient me voir et me félicite pour ma verve et, bien qu'il ait continué à appuyer sa position durant la réunion, il a été convaincu par ma prestation.

— C'est toi qui a raison, me dit-il, j'ai commis un petit péché d'orgueil en n'avouant pas publiquement que j'ai eu tort.

Il me propose d'oublier notre rivalité et de nous entraider pour le futur. Quel opportuniste !

Magnanime, j'accepte sa proposition et l'interroge sur son rôle actuel au sein du parti.

Suite à son départ du Mouvement des jeunes socialistes, il a intégré le Parti socialiste avec plusieurs milliers de ses soutiens. Il occupe maintenant le poste de secrétaire national à la coordination, mais espère évoluer rapidement : il a conscience que son poste actuel reste symbolique. Je lui dis en retour que je suis membre du Conseil régional et sans doute future maire d'une ville de plus de cinquante mille habitants, ce qui incombe une responsabilité importante. Nous nous saluons et nous nous quittons.

Je détiens un nouvel allié et maintenant, les cadres me connaissent.

Sur le chemin du retour, je repense à notre décision sur le vote à tenir concernant la subvention étudiante. J'ai des remords : de nombreux étudiants se retrouveront dans le besoin alors que nous aurions pu les aider.

Finalement, je me rassure en me disant que ma rhétorique incitant à voter contre la proposition n'était pas forcément inepte. Même Triboulet a changé d'avis sans oser le dire, peut-être ai-je eu raison de garder cette opinion qui n'était plus mienne.

Après tout, les cadres du parti ont voté, je suis innocente.


Je me renseigne à tout hasard sur le résultat du vote à ce Conseil régional. Je suis contente : la subvention sera attribuée. Le Parti socialiste a voté contre mais finalement, l'extrême droite a voté favorablement. Les étudiants auront droit à une subvention mais surtout, la droite a eu besoin de l'extrême droite pour appliquer une de leur mesure.

---

La prochaine élection présidentielle approche mais je n'apparais pas en position de me présenter. Ségolène Royal a été investie par le parti et cela m'ennuie fortement qu'elle puisse être élue, cela m'empêcherait alors de devenir la première femme présidente de la République française. Je décide de ne pas me démener pour son élection, je reste dans l'expectative. Il me semble que les cadres du parti imitent ma stratégie en restant prudents lors de leurs soutiens. Certes, ils prononcent quelques mots à la presse quand un micro se tient devant eux, mais sans grand enthousiasme. La misogynie reste de mise dans ce milieu patriarcal arrogant.

Personnellement, je recherche activement que l'on me tende le micro, mais les journalistes ne savent pas encore qui je suis. Nous sommes bien loin de l'époque des journalistes investigateurs et audacieux comme...euh, je ne sais plus. Là, je n'ai pas de nom en tête.

Aussi, Nicolas Sarkozy est élu sans surprise, l'homme aux mains de plomb. C'est un avantage car nous sommes maintenant sûrs de l'alternance dès la fin de son mandat. Son programme promet d'être une vraie catastrophe, espérons qu'il ne respectera pas ses promesses : l'économie française ne s'en remettrait pas. Il fut déjà à l'origine, du temps de Balladur, de l'accentuation significative du déficit de l'État et malheureusement, comme aucune contrepartie sociale n'eut lieu pour les Français, peu connaissent cela. De la même manière, plus d'une fois un électeur s'est plaint des nombreux travaux réalisés par Bertrand Delanoë dans la ville de Paris depuis son élection, tous ces travaux devant engendrer un coût sans doute conséquent. Effectivement, cela coûte, mais la suppression des emplois fictifs et des frais de bouche ont permis un surplus d'argent important. Autant l'utiliser pour le bien collectif.

Beaucoup de personnes accusent *Le Canard enchaîné* de se positionner à gauche : cela revient à avouer que la malhonnêteté se porte à droite. Quand je doute de l'efficience de mon parti, je repense aux actions d'autrui, cela me rassure sur la valeur de mon combat.

---

Ce qui devait arriver arriva, la crise des subprimes ébranla les banques.

Le salaire des modestes s'avère trop élevé pour s'assurer de la pérennité des entreprises ; les prêts immobiliers ou à la consommation permettent une relance de la consommation et donc de la croissance.

Ces prêts n'ayant pu être remboursés, les banques se retrouvèrent non loin de la faillite.

Les pauvres s'avèrent responsable de la misère nous disent les nantis. C'est vrai, si nous supprimions les nécessiteux, la misère ne serait plus ; sauf pour les nantis qui utilisent ces derniers ; et leurs permettent de travailler.

Les États, conseillés par les banquiers, injectèrent des fonds importants pour recapitaliser les institutions financières. Sans cela, toute l'économie mondiale se serait écroulée par une crise systémique, nous disent les éditorialistes, écoutant les politiques répétant les dires des experts de ces institutions financières. Cela doit être vrai.

Les États déficitaires empruntent auprès de banques. Pour que ces dernières restent solvables, elles recourent à l'emprunt auprès des États. C'est ainsi que les États empruntent aux banques les fonds nécessaires à la survie des banques afin de pouvoir continuer à emprunter auprès des banques. Les banques européennes empruntent alors auprès de la Banque centrale européenne qui monétise à souhait.

Les associés de Goldman Sachs ont réussi leur mission de masquer la dette abyssale grecque. Actuellement, tous les spécialistes organisent le sauvetage de ce pays. La Banque centrale européenne prête aux banques qui prêtent aux États réputés solvables qui prêtent au Fonds monétaire international qui prête à l'État grec. Chacun prélève une commission liée au risque. La solidarité européenne avant tout. Toutes ces institutions s'endettent davantage et tous les dirigeants ne cessent de clamer qu'ils ont sauvé l'économie.

L'interdépendance dénoncée est ici renforcée.


Je ne connais rien à l'économie. Je me forme auprès de Clément qui m'explique patiemment les rouages de la finance. Je détiens maintenant un net avantage sur mes futurs prédécesseurs. Quand je serai à la tête de l'État, je pourrai décider objectivement sans être obligée, par manque de connaissance, de suivre les conseils orientés des lobbies.

Je demande à Clément pourquoi la Banque centrale européenne ne prête pas directement aux États et recourt au truchement des banques. Il me répond que c'est pour éviter les dérives populistes. Des politiques éclairés, dont Valéry Giscard d'Estaing, ont pensé que les financiers sont mieux à même de contrôler les dépenses publiques que les politiques. Par démagogie et souci électoral, ces derniers pourraient creuser le déficit de manière inconsidérée et entraîner une inflation difficilement contrôlable.

Les politiques ayant conduit à cette décision devaient bien connaître le milieu politique, mais s'ils avaient connu le milieu financier, peut-être auraient-ils revu leur avis. Depuis ce changement, les dettes souveraines n'ont cessé d'exploser et les banques de se gaver.

Comme les États doivent maintenant s'endetter auprès de banques qui ignorent la solvabilité des États, ces derniers payent des agences de notation qui informent les institutions financières du risque de défaut de leurs clients. Ce risque permet d'évaluer finement le taux d'intérêt à appliquer comme rémunération du défaut potentiel et de la piscine des protagonistes. Les agences de notation doivent posséder un sérieux code de déontologie pour ne pas se plier aux demandes de leurs clients. Heureusement, celles-ci ne connaissent que ce que les États ou entreprises veulent bien leur dire, un peu plus, peut-être. L'ignorance aide à la déontologie.

Si les banques faisaient faillites, ces dernières n'auraient naturellement plus la possibilité de prêter aux État bien noté, de confiance. La Grèce se retrouve insuffisamment bien noté et les banques considèrent que cet État ne bénéficie plus du potentiel suffisant pour restituer ses emprunts. De ce fait, la Grèce ne peut plus emprunter et donc, par manque de liquidité, se retrouve dans l'incapacité à rembourser son crédit auprès des banques, risquant la mise en faillite de ces dernières. Afin d'éviter cela, les États européen empruntent auprès des banques et prête cet argent à l'État endetté afin de l'aider à rembourser sa dette et éviter ainsi aux banques de se retrouver en faillite, ceci les empêcherait alors de pouvoir prêter aux États dit solvable.

C'est un beau système !


En tout état de cause, les banques centrales prêtent aux institutions financières avec un taux d'intérêt. Ainsi, si une banque centrale prête cent euros à un établissement financier, cet établissement devra rembourser peut-être cent dix. Ce surplus de dix est fictif, il n'existe pas dans les flux financiers : la dette globale est supérieure à la monnaie existante. Avec le système actuel, quelles que soient les avancées technologiques, quelles que soient les nouvelles matières premières extraites et quelle que soit la quantité manufacturée produite, jamais la monnaie disponible, qui est indépendante de tous ces critères d'économie réelle, ne sera suffisante pour rembourser la dette.

Les intérêts ne peuvent être remboursés avec de l'argent qui n'existe pas. L'économie financière repose sur une pyramide de Ponzi.

On est bien !

Un point commun, gauche ou droite : tous subventionnent les élevages en batterie. Nous devons nourrir la population quel qu'en soit le prix. La France gaspille plus de trois cents kilogrammes de nourriture par seconde. Les agriculteurs se targuent de travailler plus de soixante-dix heures par semaine. Ils accepteraient tous de réduire leur temps de travail par deux, leurs revenus doubleraient. Actuellement, comme la production est importante, les prix s'effondrent.

La gauche, c'est la solidarité, la fraternité. La droite : les valeurs.

Le gouvernement veut permettre le travail le dimanche. Cela engendrerait une concurrence déloyale avec les petits commerçants et irait à l'encontre des préceptes de l'Église. Je suis rassuré, les valeurs de l'Église sont donc bien de gauche.

Nous votons à l'Assemblée nationale contre toutes les propositions émises par le gouvernement. Dès que nous serons au pouvoir, nous les resoumettrons. Le gouvernement en place votera alors contre.

Malgré notre nombre minoritaire de députés, nous avons convenu d'une stratégie consistant à faire venir exceptionnellement les députés à l'Assemblée nationale le jour de votes importants. Nous devenons alors majoritaires, les députés de la majorité étant généralement absents. Le gouvernement actuel soutient que cette méthode est anti-démocratique. Peut-être a-t-il raison.

Si je m'installais dans un quartier populaire, je confisquerais la place d'un défavorisé. Il faut davantage de mixité.

Certains camarades reprochent au maire de Saint-Denis de troquer le secteur de l'industrie contre celui du tertiaire et de boboïser cette ville. Nous avons toujours le choix.

Améliorer le bien-vivre d'une ville augmente le prix immobilier de celle-ci. Au grand dam des habitants.

L'éclosion du tourisme, par exemple à Cancún, fait exploser les inégalités entre les autochtones. Un bon nombre s'enrichit. Ils ne sont plus tous pauvres.

Seules les inégalités octroyées par l'État sont acceptables.

La démocratie n'est bonne que si les citoyens votent juste.

Nous devons reconduire les hommes ayant l'expérience de leurs fonctions même si ces expériences se sont révélées non concluantes.

Une bergère peut être meilleure stratège que les militaires de carrière. À la condition que le Dieu des chrétiens s'intéresse au sort d'un prétendant illégitime à la couronne de France et ne l'aide à combattre des chrétiens.

Nous ne pouvons tout posséder : la richesse qui nous fournit l'opulence et la pauvreté qui nous oblige à la rareté. Ce qui est rare est précieux.

Après tant, tout semble peu, et inversement.

Les crises économiques ou les guerres obligent les hommes d'enjoindre les femmes à travailler et de s'émanciper.

La gauche est favorable aux déficits budgétaires pour relancer l'économie ; la droite augmente les déficits.

La droite crée des emplois fictifs subrepticement et illégalement. La gauche en crée ouvertement et légalement. JF Kahn.

L'obsolescence programmée permet la résorption du chômage. Ceci est tout de même préférable à la guerre.

Nous devons sélectionner selon nos intérêts et ne pas discriminer. J'essaie dans la mesure du possible d'acheter des biens fabriqués en France.

Les journalistes sont unanimes : il n'existe pas de pensée unique au sein de la presse.

Toute vérité est relative ; le mensonge ou l'erreur absolus. Si une vérité organise sa survie en niant sa relativité, elle devient alors un mensonge absolu.

Nous suivons moins une idée qu'une personne.

Peu de personnes reconnaissent leurs erreurs. C'est utile, nous croyons vraies leurs erreurs.

Vercingétorix, Napoléon... sont des héros. Ils ont perdu la guerre. Vercingétorix a permis aux Romains de s'emparer de la Gaule et de la pacifier.

Mireille Mathieu est sans doute la personnalité ayant le plus contribué à la libération des membres du groupe Pussy Riot.

Les jeunes n'ont plus de convictions : ils soutiennent en masse le Front national.

La France est depuis toujours décadente. Surtout maintenant.

Les réactionnaires se disent modernes.

Il ne faut pas encourager les Restos du cœur : c'est à l'État de s'occuper des démunis.

Les écologistes refusent la mise en place des autolibs dans certains quartiers. La population doit utiliser prioritairement les transports en commun. Il faut décongestionner ces derniers.

Réconforter un malheureux rendra davantage malheureux celui-ci quand il retrouvera sa position initiale. La particularité de l'homme est son adaptation rapide.

Ne fais pas à autrui ce que tu n'aimerais pas que l'on te fasse : je n'aimerais pas que mon ami me laisse conduire, j'insiste pour que ce soit moi qui conduise. Mon ami souhaite conduire.

La liberté des uns s'arrête là où commence celle des autres : je souhaite conduire, tu ne vas tout de même pas empiéter sur ma liberté, disons-nous chacun.

Tout ce qui est excessif est insignifiant : cette phrase s'applique bien à elle-même.

La fin justifie les moyens. C'est souvent le meilleur moyen de ne jamais arriver à sa fin.

Pierre qui roule n'amasse pas mousse : faut-il avancer pour ne pas se faire recouvrir de résidus ou au contraire, faut-il rester stable pour amasser de la richesse ?

« Faire la leçon aux autres n'est pas de la franchise, mais de l'orgueil. » « Enseigner vous remet les pieds sur terre et vous éloigne de l'ego. » « Les hommes intelligents aiment apprendre. Les imbéciles aiment enseigner. » « Les hommes apprennent en enseignant. » « Il ne faut pas beaucoup d'esprit pour montrer ce qu'on sait ; mais il en faut infiniment pour enseigner ce qu'on ignore. »

« Quand vous citez un texte con, n'oubliez pas le contexte. » (Jacques Prévert)

Les États-Unis sont un modèle antisocial. Tous les nécessiteux veulent s'y installer.

La TVA est l'impôt le plus injuste qui soit. Le taux appliqué est égal quel que soit le revenu.

Le MEDEF explique que les patrons-voyous sont bien obligés d'être ainsi... avec toutes les taxes qu'ils endurent.

D'ailleurs, il est bien normal que la moitié des entreprises du CAC 40 ne paient pas d'impôt sur les sociétés tant l'impôt sur les sociétés est important.

Les banquiers sont des voyous. Nous devons être sévères avec ces derniers. Jérôme Kerviel qui a fait perdre plus de quatre milliards d'euros à la Société générale est un héros. Il est banquier.

Si l'État n'intervenait pas, le libéralisme pur conduirait à la mort de toutes les entreprises concurrentes et à la création d'un unique trust tout-puissant : un véritable gouvernement communiste.

En attendant, les idées pour relancer l'économie foisonnent : les fortunés estiment le coût d'un salarié français trop important.

Certains proposent de repasser à la semaine des trente-neuf heures payées trente-neuf. Je ne vois pas comment le coût horaire par salarié diminuerait dans ce cas-là. L'entreprise aura moins de flexibilité.

Je ne comprends plus rien, je suis perdue.

———————

Heureusement, le monde change radicalement, l'alternance arrive et nous reprenons le pouvoir. Il faut que j'en soi. Étant sans soutien de cadres, sans partisans et sans poste solide, je joue mon va-tout. En pleine primaire socialiste, j'insiste lourdement pour rencontrer François Hollande en privé. Je la joue au bluff, je lui assène que je connais les conditions de sa future élection : j'étais présente au moment de l'éviction de Lionel Jospin et s'il veut que je ne révèle rien durant sa campagne, il doit me signer une lettre de promesse d'embauche à un poste de ministre. Je ne souhaite pas moins.

Il est vrai que je n'ai toujours pas digéré sa trahison concernant la mairie de Clichy, il apprendra à tenir ses promesses.

Il reste coi un long moment.

Il accepte et me dit que, si ne serait-ce une rumeur fuitait, je tomberai encore plus sûrement que lui-même.

— Vous pouvez prendre congé, me dit-il.

J'ai réussi, mon stratagème a fonctionné. Je n'en reviens pas. Je me demande ce que François veut dissimuler mais cela m'est bien égal, pourvu que ce secret reste inconnu de tous.

Le parti cherche à chiffrer son programme, les cadres sélectionnent un groupe d'experts qui ajuste proportionnellement les chiffres afin que le programme soit viable auprès des journalistes. La méthode comporte du bon car nous connaissons les biais simplement. Les partis concurrents biaisent les chiffres aléatoirement et ne savent plus, à force de complication, où sont les erreurs.

En attendant, je me fais petite, je me comporte comme une militante quelconque. Toutefois, je ne critique aucune proposition du programme présidentiel pour ne pas que cela soit perçu comme une attaque personnelle. Attendant mon heure, bien que n'ayant plus à m'occuper d'affaires internes au parti, je veux que l'on me sache loyale et efficace. Je retrouve mon groupe d'amis colleurs d'affiches, cela m'est bien agréable.

François Hollande est élu, je reste aux aguets. Je souhaite qu'il concrétise réellement ses promesses électorales.

Quelques jours après son élection, il me convoque et me propose le poste de ministre des Études et Pilotages.

Ce n'est peut-être qu'un poste symbolique, crée pour l'occasion, mais je deviens ministre, ce n'est pas rien. Sans doute le président a-t-il eu vent de mon mémoire sur une problématique similaire : je suis aux anges.

Quelque part, François Hollande a de la chance, il vient de nommer une excellente ministre non pas sur la qualité de son soutien durant la campagne, mais sur ses compétences. Je ferai de mon mieux. Je repense aux mots d'Alexandre Bracke-Desrousseaux : « Enfin, les difficultés commencent ! »

Avant mon intronisation, le président me demande de signer une lettre de démission non datée, cette coutume est étrange.

Je me rends vite compte de l'importance de mon poste, je dispose maintenant d'une voiture officielle, escortée continuellement par deux motards. Je peux parcourir Paris sans me soucier du trafic. Au conseil des ministres, je siège non loin du Premier ministre et peux ainsi intercepter les échanges de petits papiers. J'apprends ainsi les arcanes de l'État. Bien sûr, je ne contredis pas mes interlocuteurs, solidarité oblige.

Après la découverte de mes locaux de travail et de mes collaborateurs, je cherche à me faire connaître médiatiquement. Ce n'est pas facile. L'Élysée nous fournit des éléments de langage et nous devons nous y tenir sous peine d'être réprimandés. Aussi, impossible d'attirer l'attention des médias en exclamant une pensée ou un phrasé différents des autres. Nous devons nous conformer, être disciplinés.

Tant pis, je m'attelle à la tâche. Mes bureaux sont sublimes, avec de hauts plafonds, style Napoléon III. Il suffirait de peu pour rafraîchir le style un peu vieilli. Je passe la plupart de mon temps à demander conseil pour réagencer légèrement l'intérieur.

J'hésite à placer mes quelques amis fidèles à des postes à responsabilité. Je les connais bien et devine leur incapacité à diriger un poste de haut fonctionnariat. Toutefois, je veux être reconnaissante et les gratifier. Je ne sais pas si l'aide personnalisée peut être considérée comme morale ou s'il vaut mieux abandonner nos proches pour choisir la compétence. Les hauts placés vont même jusqu'à créer de nombreux ministères ou postes pour caser tous leurs proches. Je n'en ai pas la possibilité. Je nomine le peu d'amis qui me sont restés fidèles à des postes à responsabilité. Je n'ai que Triboulet à proposer en fait, mes amis colleurs d'affiches ayant déjà un métier qui les intéresse.

Je ne veux pas accomplir de clientélisme, mais enfin, Triboulet et moi, ensemble, nous serons plus forts. Il faut autant qu'on peut, obliger tout le monde : on a souvent besoin d'un plus petit que soit.

De surcroît, si je devais établir une mesure impopulaire, je pourrais nommer Triboulet responsable de la mise en place de cette mesure. Ainsi, ne serai-je pas décriée vis-à-vis de l'opinion.


Bien que flagorneurs en ma présence, j'entends dire que mes collègues se demandent comment j'ai pu accéder à un poste à responsabilité aussi rapidement. La jalousie envers mes compétences en devient gênante.

Ma rémunération n'est pas si importante. Les élus sont peu payés mais les nombreux avantages en nature et revenus divers permettent de compenser cet état de fait. Ainsi, disposé-je d'un logement de fonction très bien situé au centre de Paris. Je m'y sens d'ailleurs un peu seule.

Ne sachant que faire de mes journées et constatant le luxe dont jouit l'ensemble de la classe politique, je me permets d'interpeller les dirigeants en proposant de réduire le train de vie de chacun. Nous serions mieux perçus au sein de la population et cela permettrait de dégager des fonds que nous pourrions investir dans le social.

On me rétorque sèchement que le peuple ne respecte que les nantis, ceux qui vivent dans la grâce, et se rassure ainsi sur les capacités des dirigeants.

— Tu ne devrais pas cracher dans la soupe ainsi, me dit-on, c'est indécent.

# Déambulation à Lombco

Mon petit problème de voisinage résolu, je m'ennuie toujours au travail. Je viens de traduire les lettres de Yun, je n'aurais pas dû.

Yun explique dans sa première lettre qu'elle découvre sa nouvelle vie, étonnée et ravie du luxe et de l'abondance que son nouveau pays engendre, elle s'y est maintenant habituée. Yun me remercie infiniment de toute l'aide que j'ai pu lui procurer et insiste sur le fait qu'elle m'est redevable. Quoiqu'un peu perdue dans sa nouvelle vie, elle est confiante. Elle arrivera à se reconstruire ; elle recherche activement du travail. Malgré la difficulté de créer des liens, elle essaie de se lier d'amitié avec son entourage mais trouve parfois la société bien individualiste.

Sa lettre suivante m'explique qu'elle ne comprend pas mes écrits : elle ne sait pas lire le chinois et aucune de ses connaissances n'arrive à traduire mes sinogrammes. C'est vrai, j'avais oublié que Yun ne savait pas lire le chinois : nous avons régulièrement correspondu sans qu'aucun de nous ne comprenne ce que nous exprimions. Je résoudrais ce manqué, nous rattraperons tout cela, j'écrirai toutes mes prochaines lettres en coréen.

Je décrypte une à une les lettres de Yun, l'apprentissage aidant, je deviens de plus en plus rapide. Ses missives ne respirent pas la joie de vivre ou l'optimisme, bien au contraire. Elle n'a toujours pas trouvé de travail ; elle se retrouve seule dans un petit appartement sans ami, sans but collectif, sans utilité sociale ou patriotique : sans transcendance. Elle n'oublie pas la difficulté de vivre en Corée du Nord, la famine, le totalitarisme et la propagande ; elle regrette tout de même la fraternité sous-jacente : le destin commun d'un peuple. Un destin absurde, peut-être, mais si ce destin nous est montré grandiose… alors qu'importe. On se sent transporté par l'aura communautaire.

Elle exprime sa gratitude et sa joie à la réception de mes courriers ; bien qu'elle ne comprenne pas la teneur de mes propos, elle se réjouit que je puisse penser à elle. Je suis son unique correspondance, son unique raison de vivre. La solitude est difficile à vivre.

La sensibilité, la détresse et la tristesse émanant de ses lettres me bouleversent : je m'en veux de ne pas avoir traduit son courrier plus rapidement et le temps imparti entre chaque réponse, je n'ai rien envoyé depuis maintenant deux ans.

Je m'applique à écrire une jolie lettre : pleine d'espoir, de tendresse et de compassion, elle peut compter sur moi. Je la remercie également sur la richesse spirituelle et l'amitié offerte. Nous trouverons des solutions ensemble : peut-être peut-elle s'inscrire sur les réseaux sociaux ?


Sans réponse, je réexpédie une lettre le mois suivant, idem : je n'aurai plus de nouvelles de Yun. Sans doute se sera-t-elle envolée en d'autres lieux et n'a-t-elle pu recevoir mes envois.

---

Si la mutuelle s'auto-enrichit sans fatigue, nous devons tout de même revenir sur nos gardes, la crise financière tant attendue a enfin lieu : à force de relance économique, les démunis se sont endettés à ne plus pouvoir tenir leurs engagements et à rembourser leurs créanciers, disent les responsables. La bulle spéculative éclate, le monde de la finance tangue, s'écroule avec fracas. Le monde tremble, anxieux de l'avenir.

Peut-être aurai-je enfin du travail dans l'entreprise où je suis ! Il est de mon devoir de la maintenir en bonne santé financière.

Malheureusement, la mutuelle conserve tant de fonds propres qu'aucune modification de modèle ou d'hypothèse n'est nécessaire, aucune proposition ou aménagement n'est pressant : nous restons avec mon équipe à ne rien faire.

Je continue de côtoyer mes anciens collègues qui me disent les difficultés de leur entreprise à rester solvable après choc. Je les envie, il doit être bien amusant de chercher à modifier les modèles afin de rester solvable. Mes collègues me disent que la situation devient si catastrophique qu'ils ont créé un lobby afin de forcer les dirigeants politiques à revoir les hypothèses de chocs, seul moyen de sauvegarder la solvabilité des sociétés.

— Ces négociations doivent être passionnantes, leur dis-je, pleines de subtilités.

Mes collègues me répondent que non, les dirigeants politiques ne connaissent que modérément la finance et sont obligés d'accorder leur confiance aux lobbies, qui forcément, corrèlent la santé du pays à la santé du secteur. Il n'y a pas de négociations ou si peu, les dirigeants écoutent les préconisations : les plaquettes sont si bien présentées. Il est vrai aussi que les assurances renflouent les dettes étatiques. Il ne faudrait pas que les assureurs fassent défaut et ne puissent plus prêter aux États.

La réglementation considère maintenant qu'il ne présente aucun risque à détenir des obligations souveraines de l'État grec. Les assureurs peuvent se risquer à investir à un taux d'intérêt élevé sans que leurs besoins de marge ne soient impactés. Les États européens peuvent emprunter avec moins de difficultés : tout le monde est satisfait. La crise est apparue du fait de prêts trop importants, prêtons pour résoudre la crise... en attendant la prochaine crise.

Mario Draghi, mis en avant par ses amis de Goldman Sachs qui ont su maquiller le déficit budgétaire grec, est nommé président de la Banque centrale européenne.

Je suis un peu jaloux, moi aussi, je saurais montrer mes compétences en cachant par des artifices comptables la misère de ma société. Elle se porte bien, je n'y peux rien.

Pour me changer les idées, nous organisons un *after work* après le travail dans un endroit chic. J'aime voir mes collègues se déchaîner sur la musique, cela change du milieu professionnel.

Un beau matin, le téléphone sonne, Kévin me dit que je lui dois un service et que je dois régler ma dette maintenant. Aimant vivre sans dette, j'accepte de l'aider en cet instant.

Bien que dévalorisé par mon expérience avec Kévin, nous apprenons souvent d'autrui...

Églantine me manque, je me sens mauvais en ce moment, l'expérience enrichit. Je me demande si ma vie ne me fait pas devenir aigri, superficiel et égoïste. Je veux changer.


Le soir, je repense encore à ces deux dernières semaines pendant lesquelles j'ai aidé Kévin. Je préfère relater cette histoire quand elle ne sera plus qu'un lointain souvenir. Qu'est-ce que je fais de ma vie ? Quel est ce métier superflu ? Pourquoi Églantine ne m'appelle-t-elle pas ?

J'en ai marre, je m'ennuie extraordinairement, je me sens parfaitement inutile en ce monde, presque absent.

Stressé par le rien, par l'injustice, par le tout, je regarde médusé l'avenir. Je voudrais tout arrêter mais je ne peux rien contrôler. Mon combat ne s'adresse même pas contre le vent, mais contre le néant.

C'est dur, ça m'énerve, j'enrage, j'explose, ça souffle. Je ressens comme un mélange de dégoût, de mépris, de brûlure, de colère, autour d'un gouffre intérieur...

Mon cœur se tort, se déchire, m'envahit. Je crie.


Je pleure longuement. Chaque larme contient un fragment de ma tristesse. Le deuil d'une belle vie se cristallise, je jette l'éponge... Je me soulage... à défaut d'espoir. Je souffre dans ma chair.

Ça y est, ça repart, je crache, je repleure : tout s'évacue en vrac. Je souffre tellement.

Cela me fait du bien d'extérioriser le mal. Je respire, je me sens moins lourd, plus léger. Il faut continuer à dégager la peine. Je me force à pleurer de nouveau. Je brûle, je me débats contre toute cette crasse.

J'encaisse coup sur coup, je suis sonné, knock-out !

Ça va, je vais repartir, je n'ai pas le choix. Je me sens de nouveau prêt à affronter la vie. Je suis présent : d'attaque pour demain.

Si la vie est absurde, vouloir la changer l'est aussi. Cette phrase aussi.

Un nouveau collaborateur au travail vient m'avertir que son prédécesseur aurait mal concilié les comptes bancaires avec la comptabilité : il y aurait un surplus de cinq millions d'euros dans la caisse. Une soustraction avait été faite à la place d'une addition.

J'en parle au Président directeur général qui me dit que je reste le responsable, j'aurais dû vérifier.

— Bon, maintenant, mieux vaut ne rien ébruiter. Ni les commissaires aux comptes, ni l'audit interne ne s'en sont aperçus, nous allons combler cet écart graduellement chaque année pour retomber à la normale à terme, me dit-il. Il ne faut pas que le fisc le découvre.

Décidément, ce travail n'est pas pour moi. Il est temps de partir, je ne veux pas moisir. Je veux changer de secteur et retrouver un métier sain, à l'ancienne, manuel.

C'est décidé, je veux modifier ma situation et gagner ma liberté : « vivre libre ou mourir ».

Je m'endors enfin serein, une nouvelle vie peut commencer, proche de mon ancienne vie.


Je démissionne pour étudier l'optique. Enfin du concret.

## Navigation aérienne

Tandis que personne au sein du gouvernement ne s'intéresse à mon travail dans mon ministère pour ainsi dire fictif, n'ayant pour seule compagnie qu'une secrétaire à qui je n'ai rien à dicter, un chauffeur qui n'a nulle part où m'emmener, un conseiller en communication qui n'a pu arriver à me concocter qu'une seule matinale dans laquelle je n'ai pu que réciter les éléments de langage que l'on m'avait fait connaître, je me sens peu utile. Je suis en désaccord avec les réformes du gouvernement, mais je me dois d'être loyale et de me taire. Un ministre, ça ferme sa gueule ou ça démissionne dit-on. On n'a jamais raison face à son parti.

Pourtant, j'aimerais tant que mes idées soient appliquées, pour le bien-être de tous. À quoi bon être ministre si nous n'avons rien à dire.

Certains s'enorgueillissent de revendiquer une quelconque autorité. Comprendre les sentiments exprimés par autrui sans l'avoir éprouvé se révèle difficile. Le dialogue de Coriolan acquiert un sens :

— J'aime mieux servir les hommes à ma guise que les commander à la leur.

Ici, je m'ennuie.

Je reçois bien de nombreuses demandes de mon « réseau d'amitié » et je leur promets de réaliser mon possible pour les satisfaire, mais que puis-je faire ?

Mon influence auprès des décideurs reste faible, voire inexistante.

Surtout, je n'en ai plus trop l'envie. Je suis lasse.

En campagne, je passais mon temps à me vendre auprès de tous, j'arpentais les routes en permanence, je découvrais la France : j'avais un but.

Je ne croisais jamais ma cuisinière de fonction qui partait aux alentours de vingt heures. Je ne crois pas avoir goûté un seul des repas qu'elle ait pu me préparer.

Maintenant que je suis en fonction au sein de mon ministère, je passe mon temps dans mon appartement accompagné d'une cuisinière attitrée qui m'apprend son métier. Elle est devenue rapidement mon amie et confidente, c'est une belle personne, j'apprends beaucoup humainement parlant.

Depuis que je possède un travail effectif, je détiens du temps. Pour parfaire ma culture politicienne et apprendre de la concurrence, je regarde aujourd'hui *Salut les Terriens* avec Thierry Ardisson en présentateur. Peut-être un jour m'invitera-t-il...

Luc Ferry, ancien ministre de la Jeunesse, de l'Éducation nationale et de la Recherche dans les deux premiers gouvernements de Jean-Pierre Raffarin, Nicolas Dupont-Aignan, candidat à l'élection présidentielle de 2012, et Émile Riou, éleveur porcin dans le Finistère et « bonnet rouge » sont les invités du moment pour discuter de la difficulté économique des élevages porcins.

Émile dénonce la concurrence déloyale de l'Allemagne qui, contrairement à la France, permettrait aux éleveurs porcins d'embaucher des étrangers dans les conditions salariales de leurs pays d'origine. L'Europe a accepté cela. Les éleveurs français ne sont plus concurrentiels, ils ferment un à un leurs élevages.

Tous les protagonistes de l'émission fustigent l'Europe et les politiciens français incompétents et inconséquents qui ont signé ce texte. Luc Ferry rappelle que l'Europe a permis la fin de la guerre entre les pays européens. Nicolas Dupont-Aignan indique qu'il avait prévenu les français du danger des « plombiers polonais ».

Je ne sais pas si nous devrions accepter en France que le contrôle de l'application du droit du travail soit conféré au pays d'origine du travailleur et non plus au pays dans lequel s'effectue le travail. Certes, cela permettrait aux entreprises françaises d'être davantage concurrentielles mais cela concurrencerait de manière déloyale les travailleurs français et ne pourrait que dégrader leurs conditions de travail. La Communauté européenne a bien des défauts, mais Europe ou pas Europe, l'Allemagne aurait pu, de toutes les façons, choisir le droit du travail qu'elle souhaite. Quant aux « plombiers polonais », c'est bien Nicolas Dupont-Aignan qui a milité âprement pour que cette directive ne s'applique pas en France. Qu'il ne traite pas les politiciens qui ont refusé cette directive d'« incompétents » : un peu de cohérence.

Dire que l'élite française est ainsi représentée.

En famille, j'interroge mon père pour savoir pourquoi le président ne choisissait pas selon le ministère une personne qui connaisse le secteur associé. Mon père me répond qu'ainsi chacun peut apprendre de nouvelles compétences et ne pas s'ennuyer. Pour gouverner un État, il y a besoin d'une polyvalence des savoirs. Comme dirait Mitterrand, un professionnel du secteur fait souvent un mauvais ministre.

De même, Clemenceau pensait que la guerre est trop sérieuse pour être confiée à des militaires. Nous pouvons dire que l'exercice du pouvoir est trop important pour être délégué aux politiques.

Et la finance aux financiers, et la philosophie aux philosophes... Pratique, cela fonctionne pour tout.

———————

Ma mère avoue ressentir quelquefois des douleurs thoraciques, mais son éducation et sa pudeur l'empêchent d'insister sur ce mal et de se plaindre.

Son médecin traitant, sûr de ses compétences, lui répète que son état de santé est bon. Ses douleurs sont liées à un peu de stress.

Ma maman décèdera brutalement durant la nuit. Ma tendre et attentionnée me quitte, la personne que je voulais rendre fière n'est plus, son courage lui aura été fatal.

L'enterrement fut pour moi une épreuve, une tristesse difficile à surmonter.

———————

Un après-midi, en pleine confection d'un bœuf bourguignon, un avocat m'appelle. Il me prévient que son client est victime d'un traquenard judiciaire à Punta Cana.

Ce client lui a demandé de me contacter. C'est Kévin.

Une terrible erreur judiciaire est en train de se produire, la police dominicaine a piégé Kévin en plaçant dans sa valise plus de vingt kilogrammes de cocaïne pure. Kévin a été incarcéré après interrogatoire, il encourt jusqu'à vingt-cinq ans de prison.

Après avoir contacté Matignon, puis le ministère de la Justice afin de libérer de suite Kévin, il m'a été rétorqué qu'il leur sera impossible d'intervenir. Ils peuvent tout au plus soutenir ce ressortissant en lui fournissant un interprète et un avocat. Ces gens me rappellent mon devoir de réserve. Si Kévin est innocent, il sera libéré.


Comment ces ministres peuvent-ils à ce point ne pas compatir envers un compatriote ? Je suis scandalisée.

Je ne laisserai pas un innocent croupir en prison. Je peux me montrer utile et aider mon ami à surmonter cette épreuve en le ramenant en France.


Je pars dès le lendemain à Punta Cana, en République dominicaine afin d'aider Kévin. Il ne sera pas dit que j'abandonne mes amis.

Ce pays est fragile politiquement, faible juridiquement, corrompu à tous les échelons. Je dois trouver un moyen de libérer Kévin.

Sur place, je me rends à mon palace accompagnée de mes gardes du corps. L'avocat de Kévin me rejoint au bord de la piscine. Je débriefe rapidement avec lui.

— La situation n'est pas brillante, me dit-il, la justice locale risque de se montrer sévère avec un étranger, surtout s'il est considéré trafiquant de drogue. Il risque d'écoper au minimum de cinq années de prison ferme, peut-être vingt ans.

Je reste songeuse. Vingt ans perdus à cause d'un traquenard, c'est trop, beaucoup trop. J'ai confiance en la justice de mon pays, mais aucune envers la justice dominicaine. Je demande à rencontrer Kévin.

Le lendemain, je me rends avec l'avocat dans la prison où se situe Kévin, incarcéré en détention provisoire, où lui a été accordé un droit de visite. Le personnel pénitencier, connaissant mon statut, même si ma visite est non officielle, est fort attentionné. Cela jouera sans doute en la faveur de Kévin : dans son futur procès et dans ses conditions d'incarcération.

Après avoir difficilement congédié mes deux gardes du corps, je me retrouve dans une pièce, seule avec Kévin.

— Hello.

— Je suis content que tu sois venue pour moi après tout ce temps me dit Kévin.

— Ne t'inquiète pas le coupé-je, il y a pire comme destination que de venir en République dominicaine. Je n'allais pas te laisser moisir ici. Il paraît que ta situation n'est pas brillante en ce moment...

— Et toi, tu as donc réussi à rentrer dans un ministère, tu ne démords pas de ta grande destinée !

Je rougis.

— Je ne me souviens pas t'en avoir parlé, mais parle-moi plutôt de ton cas.

— Je présume que mon avocat t'a déjà expliqué la problématique : je me suis fait piéger. Ici, c'est un endroit très particulier, je me suis bêtement mis à dos un chef de tribu et il s'est vengé. Je resterai dans cet enfer pour un moment.

Effectivement, l'État français ne semble pas décidé à interférer dans une décision de justice. Je veux essayer de rassurer Kévin :

— On reparlera de la situation diplomatique par la suite. Dis-moi plutôt comment tu te sens.

— Que veux-tu que je te dise ? Je suis comme en enfer, tu dois me sortir de là rapidement, par tous les moyens possibles. Débrouille-toi. Tout ce que tu as entendu de pire sur les conditions carcérales est ici. Je ne connais personne, je me sens visé par tous. Mes amis de métropole m'envoient des colis, mais ils sont ouverts et dévalisés avant que je ne les reçoive. Tout le monde me traite comme un négrier et je n'ai aucune visite. Fais-moi sortir d'ici avant que je ne pète un câble.

— Il faut tenir, je suis là maintenant, encore un peu de temps et je te sortirai d'ici. Ton avocat pense qu'il est possible d'obtenir une liberté conditionnelle jusqu'à ton procès.

— Puis retourner en prison ! Je ne veux pas, je n'ai rien fait pour mériter cela, je suis innocent.


La visite se termine. Je suis encore complètement chamboulée en sortant de la prison. Les lieux sont dans un tel état de délabrement... alors que tout sur cette île pourrait constituer un paradis.

Kévin souffre : les prisons dominicaines doivent être cauchemardesques. Déjà qu'en France, les prisons sont dans un état déplorable, catastrophique.

Je repense au gouvernement précédent qui n'a rien trouvé de mieux que de lutter contre le suicide en prison en distribuant des tenues facilement déchirables pour éviter les pendaisons. Quelle idiotie ! Ils n'ont pas compris que la problématique n'était pas que les prisonniers se suicident, mais bien qu'ils veuillent se suicider.

Je me renseigne de plus belle et fais fonctionner tous mes réseaux. J'arrive à obtenir un rendez-vous avec le président de la République dominicaine. Je lui explique le cas de Kévin et insiste sur le fait qu'il serait bon de le relâcher sur-le-champ, s'il ne veut pas que les relations entre la France et son pays ne s'enveniment.

Je ne sais pas comment je pourrais distendre les relations entre les deux pays, mais je ne le dis pas.

— La justice est indépendante dans mon pays me dit-il.

Il me congédie.

L'entretien n'aura pas duré dix minutes.


En attendant le procès, je préviens la presse française : c'est incroyable, même ministre, personne ne me connaît. Bon, qu'importe. J'explique aux médias la situation : nous devons soulever un soutien populaire fort en métropole et organiser une pression sur le gouvernement dominicain afin de libérer Kévin.

Je ne sais comment ce déferlement médiatique se déroule en France, ce que je sais, c'est que personne ne parle de ce sujet ici. J'en suis désolée.

Le procès a lieu. Malgré la défense poignante de son avocat, Kévin écope de vingt ans de prison. Nous faisons appel.

En attendant le nouveau procès, Kévin est libre avec interdiction de quitter le territoire de la République dominicaine.

Nous discutons ensemble et organisons un plan de sortie, nous savons que le procès à venir aboutira à sa condamnation. Les juges et le gouvernement semblent mettre un point d'honneur à calomnier ce métropolitain.

Je me dois de faire justice, je me dois de faire sortir Kévin de ce que l'on nomme le paradis, mais qui n'est que l'enfer quand on s'y retrouve enfermé.

Nous avons élaboré un plan. C'est cher, très cher. C'est sans doute le prix pour sauver l'honneur de la France. La justice avant tout.

Je travaille grandement, recherche des soutiens à qui nous pouvons accorder notre confiance.

Nous allons rentrer en France et demander asile au pays des droits de l'homme, de Robespierre et de Napoléon.

Le jour J, tout est prêt. À huit heures du matin pétantes, un garde du corps range dans le coffre d'une berline ma valise grand format, je m'assieds sur la plage arrière : nous démarrons. Moins d'un quart d'heure plus tard, nous arrivons à un port de plaisance. Mes gardes du corps et moi embarquons sur un petit yacht et nous simulons une balade en mer, cap vers le large.

La première partie de notre plan s'est déroulée sans difficulté. Nous ouvrons la valise, Kévin y sort, un grand sourire au visage.

Assis confortablement, loin de la terre captive, nous admirons la mer s'étendant à perte de vue, le soleil à l'horizon. Le trajet dure des heures et nous nous prélassons, champagne à la main, le visage au vent. Un souffle de liberté pénètre nos entrailles.


Près de dix heures plus tard, une autre difficulté approche. Nous approchons de San Juan, capitale de Porto Rico. Nous débarquons et nous nous rendons directement à l'aéroport où un jet privé nous attend. Je me suis arrangée avec la sécurité de l'aéroport s'occupant du contrôle des passagers de luxe utilisant les terminaux privés : nous franchissons rapidement le portique de sécurité puis marchons sur le tarmac en direction de notre avion. Nous décollons, direction Paris-Le Bourget.


La vue sur les côtes est magnifique. Nous sommes confortablement installés, divers toasts à la main, attendant impatiemment d'atterrir à Paris où nous serons libres. Le voyage dure neuf heures : nous en profitons pour préparer un plaidoyer de liberté pour notre défense. Nous ne voyons pas le temps passer, nous atterrissons.

La presse nous attend, prévenue par mes soins de notre arrivée.

À la descente d'avion, une pluie de journalistes nous acclame en héros.

— Nous avons réussi, la justice reprend son bon droit, un innocent est en liberté. Vive la France, pays de l'audace !, dis-je aux journalistes.

Ce bain de foule dure plus d'une heure. Nous sommes dans l'ivresse, la joie la plus totale. J'ai redonné à mon pays sa fierté, je me suis fait connaître.

Plus tard, de retour en mon appartement, je revois ma cuisinière que je serre fort dans mes bras. Elle ne dit rien. Je m'assois sur mon canapé et pense tout bas :

— J'ai réussi, enfin.

Entre les dessous-de-table, la location du bateau et de l'avion, la quasi-totalité de mes économies a été utilisée pour financer cette évasion. Cela valait la peine, je suis maintenant célèbre, mon héroïsme a payé. Le chemin de l'Élysée s'ouvre de façon éclatante.

Le lendemain, j'apprends que Kévin a été arrêté par la justice française. Je crois rêver, l'État a capitulé devant les protestations de la République dominicaine. Le régime de Vichy n'a toujours pas disparu... Je vais crier fort, le président de la République française va m'entendre.

Je n'ai pas le temps de préparer mes arguments que je reçois justement un appel téléphonique du président :

— Vous avez fait du bon travail me dit-il, je vous en remercie. Je ferai en sorte qu'il n'y ait pas de poursuite judiciaire à votre égard si vous ne divulguez pas notre petit secret.

Il raccroche. Qu'a-t-il bien voulu dire ?

## Déambulation manuelle

Enfin les études ! Cela me fait du bien d'apprendre de nouvelles notions, de nouveaux concepts. Mon cerveau recommence à fonctionner. Je me retrouve donc en Diplôme universitaire de technologie d'optique au milieu d'étudiants beaucoup plus jeunes. Je retrouve la fraîcheur et l'innocence : la jeunesse croit encore aux moissons éternelles. Je me reconstruis. Les étudiants restent simples et modestes, cela me change. La naïveté du jeune âge me plaît mais j'éprouve un sentiment étrange en pensant à leur avenir. Je n'ose pas avouer que l'aboutissement de leurs espérances ne conduira sans doute pas au bonheur, garder ces espérances peut-être.

Je sors de nouveau arpenter le monde de la nuit. Les jeunes vivent sans s'inquiéter de rien, rêvent et parlent en se préoccupant de tout ce qui n'est pas eux.

Un soir, l'un deux me dit qu'à mon époque, les soirées devaient contenir bien plus de passions et d'insouciances qu'actuellement.

— Peut-être, lui dis-je en souriant, ou pas, je ne sais pas. Chaque génération semble dire cela de la précédente.

Mes camarades fument du cannabis avec respect et méthode. « Qui roule déroule, qui fournit suit » : les mêmes formules de mon époque. Les jeunes ont besoin de se créer des repères et suivent la trace de leurs ancêtres.

Ayant démissionné de mon ancien travail, je ne touche plus aucun revenu. Heureusement, je gagnais très correctement ma vie et je peux vivre actuellement sur mes économies avant de pouvoir recommencer à travailler. Avec les équivalences de mes diplômes, je n'ai malheureusement qu'un an d'études à poursuivre.

Le temps passe vite... j'obtiens mon diplôme.

———————

De retour au bon vieux temps, j'envoie un grand nombre de CV. Heureusement, je trouve rapidement un emploi dans ce secteur : je devrai réparer des caméras dans une petite société.

Je suis content : j'utiliserai mes dix doigts, reposerai mes yeux de la lumière des ordinateurs et enfin, ma production sera utile. Je ne pourrai et ne devrai plus cacher mon travail derrière un cache-misère, celui-ci sera directement reconnu pour sa vraie valeur, directement vérifiable : soit la caméra marche, soit elle ne marche pas.

J'ai hâte de débuter.

Le premier jour, je rencontre tout le personnel. Tous ont l'air bien aimable. Surtout la technicienne, une jeune fille souriante et heureuse. Cela fait chaud à voir. Elle rayonne et fait partager son bonheur.

La jeune fille, Alexia, me formera au métier. Je suis dirigé vers l'atelier de réparation et maintenance des optiques de caméra, télévision et cinéma. Nous traversons l'atelier électronique et au fond de celui-ci, nous arrivons dans une salle sans fenêtre. Mon poste se trouve au bout de la salle, un établi simple à gauche.

Alexia se montre enthousiaste ! Durant la journée, elle m'explique le travail à réaliser : remplacer une lentille, régler la hauteur d'un plateau ou bien simplement nettoyer les parties qui ont pu s'encrasser.

Bien qu'Alexia soit bavarde et puisse s'éparpiller quelquefois, il est intéressant et agréable de travailler avec ma nouvelle collègue. Je sens que je vais me plaire ici. Alexia me conseille de maintenir les étagères pleines afin de conforter notre responsable de l'activité importante du service.


Au milieu de l'après-midi, le patron me convoque dans le bureau de la comptable et me demande si je saurai me débrouiller seul maintenant.

— Je pense que oui, réponds-je confiant, même si je risque de ne pas être aussi rapide que ma collègue à mes débuts.

— OK, me répond le patron.

Il me présente un contrat à durée déterminée que je signe.

« Il est efficace », pensai-je.

Le soir venu, ma partenaire technique est convoquée chez la comptable. Je ne sais pas ce qui se dit, mais ma nouvelle camarade en sort larmoyant, ramasse ses affaires et s'éclipse rapidement. Je n'ai même pas eu le temps de lui demander ce qu'il lui arrivait. Je ne la revis plus.

Ainsi mes nouvelles journées se passent à réparer des caméras. Au début, je n'étais pas bien rapide, mais quelques jours de rodage ont suffi pour acquérir la technique : maintenant, je fuse. Ainsi, à chaque caméra donnée en réparation, après le rétablissement de ce qui était détérioré, j'inspecte entièrement celle-ci et la nettoie de fond en comble. Mes travaux rendus sont nickels, ces caméras ne sont pas prêtes à revenir de sitôt.

Trois mois plus tard, le patron me convoque. Alors que je pensais qu'il allait me féliciter, il me lance une soufflante :

— Nous avons de moins en moins de caméras qui reviennent, me dit-il. Le chiffre d'affaires a diminué de vingt pour cent. Un gestionnaire de France Télévision m'a appelé aujourd'hui pour me dire que son budget de réparation des caméras allait diminuer s'il ne parvenait pas à l'épuiser. Je ne peux pas augmenter les tarifs en compensation de la qualité, le marché est concurrentiel. Tu répares le minimum de ce que tu dois réparer et tu t'arrêtes là. Je vais te surveiller maintenant, tu fais ce qu'on te dit. Je suis en situation délicate par ta faute.

Je sors du bureau décontenancé.

Sans doute a-t-il raison : « business is business ».

Maintenant, je ne répare que le strict minimum. Si j'aperçois une pièce abîmée qui mériterait un remplacement, je ne fais plus rien.

C'est frustrant, mais c'est ainsi.

Ainsi, je dispose de temps et reste debout dans l'atelier à ne rien faire. Le patron qui me surveille me dit souvent qu'il ne supporte pas de me voir inactif.

— J'ai l'impression de payer une statue, me dit-il.

— Vous m'avez interdit d'effectuer une révision totale des caméras lui dis-je. Je n'ai plus rien à terminer.

— Je ne veux pas le savoir.


C'est pénible et démoralisant.

Tous les soirs, je recherche activement du travail mais je ne trouve rien, je suis coincé.

Je dois obtenir un CDI à la fin de mon CDD, sinon, je n'aurai plus de ressources.


Pour éviter les brimades quotidiennes, je trouve un mini-stratagème. Je travaille quand mon patron est là, j'attends quand il n'est pas là.

Bof, ce n'est pas très malin, mais si cela lui fait plaisir, autant lui donner ce plaisir. Les journées passent, longues, pénibles. Même les réparations effectuées deviennent automatiques. Je m'ennuie et me fainéantise.

La fin de mon CDD approche ; même si je n'y crois plus trop, je dois m'accrocher. Le patron semble vouloir se séparer de moi.

Le jour de la fin de mon CDD, la comptable m'appelle. Je suis pris en CDI.

Quelle joie ! Je n'y croyais pas. Moi qui pensais que mon patron m'avait dans le nez. Décidément, je me faisais des idées. Je vais obtenir un revenu continu, je ne serai pas en situation de précarité.

Dès que j'ai signé mon contrat, j'annonce la bonne nouvelle à toute ma famille et mes amis. Ce soir, j'organise une fête, je deviens tout heureux, je rayonne.

Le patron vient me voir et me félicite, il me dit qu'il a toute confiance en moi. La société s'agrandit, il a engagé un technicien pour m'épauler. Aujourd'hui, je dois le former.

J'accepte tout sourire. Je reçois l'apprenti à l'atelier et lui explique les rudiments du métier. Il apprend vite, je suis content.

Le soir venu, la comptable me convoque. Réflexion faite, je ne conviens pas, ma période d'essai se termine aujourd'hui me dit-elle. Je n'ai pas le droit à mes indemnités de fin de CDD, je dois partir.

Dépité, atterré, abattu, je ramasse mes affaires et quitte l'atelier larmoyant. J'oublie même de saluer le nouveau tant mon esprit est ailleurs, rongé par la honte.

J'arrive chez moi, dans mon appartement. Il est vide, ma tête est vide. Humilié d'annoncer à tous mes amis et à ma famille que je suis renvoyé, je ne veux pas le faire, non.

Je pourrais attaquer cette société aux prud'hommes mais je suis trop las pour l'entreprendre. Je ne veux plus rien avoir à faire avec eux.

Je me couche tard, je n'arrive pas à m'endormir. L'énervement l'emporte sur la fatigue ; je tourne et me retourne sur moi-même, expérimente chaque parcelle recouvrant mon lit. C'est un échec : je reste éveillé. Pourtant, je suis fatigué et cela commence à m'inquiéter fortement.

J'essaie de fermer les yeux et de ne plus rien penser, en vain. Un bruit puissant s'exprime à travers mes narines, j'essaie de les nettoyer mais cela ne fonctionne pas. Je veux respirer de l'air. Je me retrouve dans ma voiture où Églantine dort à la place du passager avant. Je sors et pousse le vélo sur la route. De nouveau, j'émets un son puissant par les narines. Il fait nuit, je roule en voiture. Au moins une dizaine de motards de la police nous croisent puis s'arrête, il vaut mieux rester discret. Églantine continue de dormir. Je tourne la clé pour ouvrir la fenêtre. Un policier chinois s'approche mais étonnamment, il parle parfaitement bien le français. Alors qu'il s'apprête à parler, je sens que je vais émettre de nouveau un bruit sourd, j'essaie de me contenir pour ne pas nous faire remarquer.

Je me réveille brusquement. Quel cauchemar ! Je suis tout en sueur.

Mon étoile a disparu, je dois réagir.

Je suis sans travail, trop âgé déjà pour espérer revenir entreprendre une nouvelle carrière dans mon ancien secteur. Les ressources humaines ne comprennent pas que l'on puisse réaliser un break.

Me voilà sans emploi, sans soutien, sans argent, seul.

Plus personne ne me sollicite, plus personne ne me contacte. Je m'ennuie en continuant de penser à Églantine. Le travail n'est finalement pas fait pour moi. Bien sûr, je pourrais peut-être construire un cabinet de consulting et vendre à prix d'or des projets suffisamment abscons et inefficaces pour être sollicité continûment, mais je n'ai pas l'envie, palabrer ne me plaît guère.

Mon moral est au plus bas mais je ne me contenterai pas de rien. Je veux imiter Églantine et son courage. Je dois réagir, retrouver mes amis, relever la tête.

## Navigation à la dérive

En sortant de mon ministère, je ne retrouve plus mon chauffeur. Je comprends seulement maintenant que ma démission devient effective.

Me voilà sans emploi, sans soutien, sans argent, seule.

Plus personne ne me sollicite, plus personne ne me contacte.

Quelques journalistes à scandale essaient de me joindre mais je ne peux défendre ma cause, ni celle de Kévin. Mes anciens soutiens et mes avocats ont fortement insisté pour que je ne dévoile pas que j'ai aidé Kévin à s'échapper sous peine d'être poursuivie à mon tour en justice. Je ne peux même pas expliquer en quoi nous sommes victimes et enquêter sur la machination qui a conduit à notre perte.

Ce métier n'est finalement pas fait pour moi. Bien sûr, tout s'oublie et je pourrai sans doute réussir à remonter les échelons après quelques années d'attente, mais je n'ai plus l'envie. Je ne souhaite même plus intégrer une haute administration.

Mon moral est au plus bas et je m'en contente. Je veux imiter Clément et me satisfaire de mon destin. Je me complais dans la mélancolie et l'amertume. Enfin, j'ai honte, honte de tout, honte de moi, honte de mon beau pays. Je n'ose plus sortir, je n'ose plus appeler, je ne veux plus apparaître.

Je souhaite une vie simple, sans calcul. Dans la confiance.

« L'enfer, c'est les autres » disait Jean-Paul Sartre. Je préfère Victor Hugo : « L'enfer est tout entier dans ce mot : solitude. ». En fait, l'enfer est partout.

Dans cet écrasant silence, une sonnerie brève retentit. Je reconnais ce son réconfortant qui indique que Clément m'a envoyé un message écrit. Je regarde mon téléphone, puis ouvre l'enveloppe : Clément se moque gentiment en me félicitant de mon exploit. Il me propose un verre si je le souhaite et m'embrasse.

J'essaie de faire couler mes larmes, cela me ferait tant de bien. Clément est le seul ayant toujours été là, m'ayant toujours soutenue. Pourquoi n'a-t-il pas essayé de me conquérir ? Ne sait-il pas que je devais me faire désirer et me rendre inaccessible afin qu'il continue à me désirer ? C'est le jeu de la séduction, je pars, tu me suis. C'est peut-être idiot, mais c'est ainsi. Jamais je ne lui ai donné une fin de non-recevoir.

L'amour est un jeu, jouons. Finalement, je n'aurais pas dû.

S'il était avec moi, jamais je ne serais au fond du trou ainsi : il savait si bien me conseiller, me soutenir, trouver les mots justes, me rendre forte derrière ma façade que je n'ai jamais supportée. Lui seul me voyait telle que je suis : tendre, gentille, et finalement fragile. Durant ma pauvre carrière, c'est en réalité le cœur en sang que je trahissais mes amis. Contrairement à mes confrères, je ne suis pas cynique, indifférente à la société civile. Je n'ai jamais éprouvé de plaisir à rabaisser les autres, jamais.

Quelle conne je suis ! Je veux me sentir utile : j'arrête la carapace, j'arrête la politique. Qui suis-je pour vouloir ainsi diriger autrui ?

Je n'ai nulle envie d'écouter les informations tenter d'expliquer la raison de ma démission, je n'ai pas le cœur à rire.

Quand même, il aurait été élégant de me saluer avant mon départ, personne n'a daigné me prévenir, personne ne m'a réconfortée ensuite : j'ai été considérée telle une ombre. Se faire ignorer est sans doute la pire des situations. Ce monde est bien laid, quand je pense y avoir contribué. Seul notre comportement fera changer le monde, pas nos ordres moraux.

Assez ! Je veux être vraie, ne plus me créer une dureté fictive, finalement facile, qui me déshonore.

Je ne souhaite plus me valoriser, paraître hautaine, ne montrer de mes atours que ce qu'il en paraît.

J'ambitionne à devenir simple, humble et généreuse, j'admire tant ces personnes, j'essayerai de leur ressembler.

Bien sûr que j'accepte le verre avec Clément, mon frère, mon amour, je m'en vais lui déclarer ma flamme. Je place enfin ma fierté stupide à la corbeille, je suis nouvelle dans ce monde, qu'il me refuse ou non.

Refaisons notre vie, n'importe où, loin d'ici, loin de ce système absurde qui nous emprisonne, dévoreur d'âmes. Vivons pleinement, loin des tracas, loin des contraintes futiles de la vie. Contentons-nous de peu, avec pour seul moteur l'amour, avec pour seuls besoins la nourriture et le logement. Cultivons la terre, la terre de vie, la terre des hommes. Méditons, respirons, aimons : construisons l'avenir ensemble.

Un minimum de pécule s'avère nécessaire pour que nous puissions posséder un petit lopin de terre. Je n'ai plus rien. Qu'importe, Clément fut directeur, il possède assurément ce minimum.

---

J'attends impatiemment et fébrilement la rencontre avec Clément. À son arrivée, je l'embrasse directement : un long baiser d'amour, un long baiser tendre. Je frissonne.

Je ressens ce baiser comme une drogue, une drogue puissante, universelle, saine. Je lui expose mon projet, partir à l'aventure, partir vers l'inconnu, sans se retourner. Je lui propose de m'accompagner, de partir loin de cet enfer.

Clément ouvre de grands yeux, il me regarde, silencieux.

Il est trop mignon.

Un petit moment passe avant que je n'entende un susurrement d'approbation.

Je souris et lui attrape les mains. Nous nous regardons intensément.

Clément ouvre enfin la bouche et me demande doucement où je pense partir, comment et pour quoi faire.

Il est pénible, il ne peut pas se laisser aller un moment ?

Bon, je prends sur moi et ne dis rien. Je suis trop contente de cet accord, de ce futur retour vers la jeunesse, jeunesse que je n'ai jamais eue finalement. Allons vers l'insouciance : la vraie.

Je m'installe confortablement dans ses bras et je ferme les yeux, nous nous embrassons tendrement. Je suis bien, vraiment bien.

Nous nous tenons la main et partons. Nous nous dirigeons sereinement, l'esprit libre, vers des contrées dont nous ignorons encore les richesses, avec un bonheur certain.

Nous allons embrasser la France des lumières, la France éternelle, la France de Voltaire : oui, cultivons notre jardin, aménageons un potager et nourrissons-nous sainement.

Tout va pour le mieux, simplifions la vie.

# Déambulation suivie

En regardant la télévision, j'apprends qu'Églantine aurait été contrainte à la démission pour son soutien public à un trafiquant. Je la reconnais bien là, toujours à entreprendre n'importe quoi, mais avec courage et dignité. Elle est trop mignonne. Elle me manque trop : tant pis si elle veut rester seule, je lui envoie un message.

Églantine me rappelle. Je suis trop content. Je lui dis que je suis heureux de quitter la sphère privée. Ce milieu est absurde et inefficient. Églantine me rassure :

— Tu sais, c'est aussi du grand n'importe quoi dans la sphère publique, me dit-elle.

Elle me remonte le moral. Je suis en confiance avec elle.

Mes sentiments remontent en mon cœur. Quel gâchis ! J'aurais dû être plus entreprenant jadis, plus courageux peut-être. Si nous avions été ensemble, jamais je ne serais au fond du trou ainsi : elle savait si bien me conseiller, me soutenir, trouver les mots justes. Églantine me portait chance.

Nous sommes tellement différents et pourtant si bien ensemble : complémentaires.

J'écoute avidement les chaînes d'informations relatant les aventures d'Églantine. Je ne comprends rien à cette histoire. Les journalistes ne rapportent que ce qu'ils savent : ce qu'on leur a dit. J'ai hâte d'entendre le récit d'Églantine, nous rigolerons bien ensemble en comparant les différentes versions.

Ensemble, nous pourrions tant rendre le monde meilleur. Tout serait tellement beau sans les complications continuelles que l'homme se crée.

Je suis trop tendre, trop fragile. Je dois m'endurcir et imposer ma personnalité. Je veux m'imposer, montrer qui je suis vraiment.

Je veux devenir moi-même, ne ressembler à personne.


Je m'en vais rencontrer Églantine, mon ancien amour, j'espère ne pas retomber en pâmoison et de nouveau souffrir. Je pense supporter le choc mais il faudra que je fasse attention à mes sentiments pour qu'ils ne resurgissent point.


Au moment de notre rencontre, Églantine m'embrasse directement sur la bouche. Toute mon âme s'envole de mon être. Je ne sais plus ni où je suis ni où je vais. J'oublie de calmer mes palpitations. Je suis ailleurs, hors de mon corps. Je défaille.

Églantine me parle longuement et je n'écoute rien. Je n'ai plus assez d'esprit pour chercher celui-ci. Le temps semble arrêté. Au bout d'un moment, elle se tait. Après ce silence, Églantine me relance, je lui souris.

Elle me sourit à son tour et me tient les mains. Nous nous regardons intensément.

Un bref souvenir de son discours me revient en mémoire. Je lui demande confirmation. Oui, Églantine veut que nous partions ensemble, toujours ensemble. Revivre notre jeunesse, celle où nous partagions notre bonheur en commun.

Je suis aux anges. Je me lance sans hésitation. Tant pis si je devais en souffrir en cas de rupture.

Je ferai attention à l'éviter, je sais maintenant que l'amour se travaille.

Je m'installe confortablement dans ses bras, je ferme les yeux et nous nous embrassons tendrement. Je suis bien, vraiment bien.

Nous regardons ensemble loin devant nous, un avenir heureux, loin de tous les soucis du quotidien, ignorant les contraintes de la vie que l'on nous impose. Églantine est prévoyante, elle a dû économiser suffisamment pour que nous soyons rentiers.

Nous pourrions monter ensemble une entreprise et je détiens beaucoup d'idées à concrétiser. Par exemple éditer un guide d'astuces de grand-mère afin d'optimiser les smartphones.

Tout va pour le mieux, pimentons nos vies.

## Balade bien-aimée

Ensemble à l'envie pour la vie vers le paradis, notre avenir promettait de finir dans les meilleurs hospices.

Nous nous complétons, avançons vers les mêmes lieux insolites qui comblent nos appétits. Nous nous retrouvons sans but, sans moyen, sans besoin, juste le parfum de nos peaux en guise de chaleur matérielle, le cœur paisible.

Notre présence nous conforte et nous ébranle : la puissance de l'organisme, sublimée par nos perceptions et nos effluves, nous font découvrir une puissance spirituelle où joie et volupté se côtoient en harmonie douce et puissante.

Entremêlées par nos effusions, nos bouches communiquent en silence, rappelant la fougue apparentée aux meilleures plaidoiries. Alliant le naturel à la beauté, nous découvrons progressivement nos contours dissimulés avec la satisfaction d'obtenir un trésor dont nous ignorions encore la richesse. L'esprit en ivresse, le corps tuméfié, chaque parcelle de nos êtres échangent tour à tour le bonheur réciproque du touché, le frôlement tendre et sincère, un susurrement à l'oreille.

L'osmose évolue à merveille, l'imprégnation l'un de l'autre découle d'une envie : ne former plus qu'un et assouvir notre soif d'autrui. Tels une vis et son écrou papillon qui se retrouvent suite à de multiples séparations furtives, nous nous complaisons à nous ressentir tel que chacun parvient à nous faire délecter, le corps euphorique, l'extase en guise d'excellence, renouvelable à souhait.

Un oasis puissant jaillissant d'un alvéole périphérique créant les douceurs d'un délice ; une apostrophe recouvrant les contractions d'un amour partagé ; un apogée marqué par la forme d'un pétale blanc au sein d'une alvéole imprégnée d'une oasis nourris de délices merveilleuses. Voici l'idylle qui nous transporte et bâtit notre éden, au naturel.


L'amour réciproque engourdit les esprits autant qu'il embellit l'âme et soulage les corps.

L'amour de l'un facilite l'amour fraternel de tous.

**Fin**

Merci notamment à Cécile, Mélanie, Sandra et mon père pour leurs aides précieuses à l'écriture.

Merci à tous ceux qui m'ont encouragé à l'écriture de ce roman.

Merci aux contributeurs de Wikipédia :

1 : Wikipédia, article « Bouddhisme », version consultée le 12/01/2016.

2 : Wikipédia, article « Olympe de Gouges », version consultée le 18/01/2016.

3 : Wikipédia, article « Déclaration des droits de la femme et de la citoyenne », version consultée le 18/01/2016.

Pour toutes critiques, remarques, coquilles, amélioration de phrases ou autres, merci de contacter l'auteur à :

chris.temarg@gmail.com

NB : Les Illuminati (organisation secrète très célèbre), censurent ce roman en ne le promotionnant pas. (Le fait que ceux-ci ignorent l'existence de ce dernier ne constitue pas un argument.)

# Postgénérique

Un beau matin, le téléphone sonne, Kévin me dit que je lui dois un service et que je peux régler ma dette maintenant. Aimant vivre sans dette, j'accepte de l'aider en cet instant.

Il doit s'absenter quelques jours pour un voyage d'affaires et il a besoin d'un homme de confiance pour gérer son business en son absence.

— Tu es cet homme de confiance.

Je suis content de la responsabilité qui m'incombe mais je n'aime pas la pression, il n'a pas l'air commode ce Kévin. Après m'avoir dit qu'il ne peut pas me parler longuement au téléphone, il me donne rendez-vous à huit heures du matin dans une cité située à Colombes, un peu en retrait du centre-ville. Il m'expliquera alors ce que j'aurai à effectuer :

— Le travail ne durera que deux semaines me dit-il, tu seras grassement payé.

— Oui, pas de soucis, réponds-je, mais à huit heures du matin, généralement, je dors.

— Eh bien, tu mettras ton réveil.

Il raccroche.

Quel relou ! En plus, je devrai poser deux semaines de congé. Enfin, cela me changera du travail.

Le lundi suivant, je retrouve Kévin vers neuf heures du matin au sein de la cité. À peine présenté, il commence à me crier dessus :

— J'ai besoin d'une personne professionnelle, pas d'un guignol ! Je pensais que tu étais une personne sérieuse, ne refais plus jamais ça.

On ne m'a jamais parlé comme cela, il se croit où ? Je ne sais même pas de quoi il parle, je me suis habillé pourtant d'un costume-cravate assez neuf.

— Huit heures, c'est huit heures, pas neuf heures me dit-il. Demain, tu as intérêt à être à l'heure.

Qu'est-ce qu'il est pointilleux ! Je lui réponds « oui » en somnolant encore.

Enfin, il se calme. Il m'explique le travail que je devrai réaliser. Les horaires seront de huit heures du matin à quatorze heures. Je devrai vérifier discrètement que ses salariés ne piquent pas dans la caisse en les aidant à écouler la marchandise, préalablement découpée en tranches ou paquets de quinze et trente euros, parfois plus.

Je me moque gentiment :

— Vous avez gardé les découpages de cent et deux cents francs ?

— Tais-toi, me répond Kévin.

Je commence à le supporter difficilement.

Il m'accompagne dans un hall d'immeuble puis me présente à deux lascars qui me disent bonjour tout en me fouillant.

— C'est la règle ici, me dit Kévin.

Kévin me montre une cache sous les escaliers avec les sachets déjà préparés. Il insiste sur le fait que je n'ai pas intérêt à le décevoir, la punition serait terrible.

Il me prend pour son gosse ou quoi ? Vivement qu'il parte en voyage, ça me fera des vacances.

Il m'explique rapidement mon rôle. Je devrai me tenir au quatrième étage avec un gars et au maximum cinq cents euros de marchandises avec moi. Après m'avoir donné un portable et demandé à n'utiliser que celui-ci, Kévin m'explique que deux personnes seront au rez-de-chaussée pour me prévenir en cas de présence suspecte ; je devrai dans ce cas laisser la marchandise où elle est, et monter au plus haut des étages. Le matos écoulé, je dois me réapprovisionner à la cache qu'il me montre. Je toucherai cinq pour cent des ventes. Kévin prend congé, il m'indique qu'il reviendra à quatorze heures récupérer son argent et me donnera alors ma part. Je ne devrai pas le déposer à la banque et le mieux sera de le dépenser rapidement.

Bon, ce travail n'a pas l'air bien compliqué et je n'ai jamais été commerçant, ce sera une expérience. Pour autant, on ne peut pas dire que l'ambiance soit vraiment propice à un épanouissement personnel de qualité.

Je m'assois donc auprès de mon collègue de circonstance et lui demande son prénom.

— Mister Brown me répond-il laconiquement.

Ce doit être un cinéphile. Je lui réplique avec humour que je m'appelle Punky Brewster.

Il appelle alors les gars restés dans le hall en criant :

— Eh, il s'appelle Punky Brewster !

J'aurais mieux fait de me taire, ils n'ont pas l'air de comprendre le second degré. C'est sûr, cela risque de devenir mon surnom *ad vitam æternam*. Déjà que l'on dirait qu'ils n'ont jamais vu de costume dans leur vie... Moi qui aime passer inaperçu, c'est raté.

Tous continuent de crier mais je ne comprends pas ce qu'ils disent. C'est incroyable, ils se prennent réellement au sérieux. De surcroit, ils me considèrent comme un charlot.

Il faudra que je fasse un peu plus le méchant à l'avenir.

Je leur dis de se taire :

— Vous risquez d'importuner le voisinage par votre tohu-bohu.

Le bruit reprend de plus belle, tous ne cessent de s'esclaffer en me montrant du doigt. Je ne sais plus où me mettre tant ils me font honte. Mon collègue de palier crie qu'il les emmerde :

— C'est nous qui faisons la loi ici. Si ces connards ne nous respectent pas, oualah !

Tous me cassent les oreilles et je n'ai même pas eu le temps de boire un café ce matin.

Heureusement, des clients arrivants, les réceptionnistes et boutiquiers retournent à leurs affaires. Enfin, nous pouvons travailler.

Avec le temps, je m'aperçois que la clientèle est diverse et variée. Nous avons aussi bien des jeunes de passage que des cadres dynamiques venant s'approvisionner avant de retourner travailler. Quelquefois, des pères de famille font patienter leur gamine dans le hall avec les surveillants-fouilleurs et montent se procurer ce dont ils ont besoin. Parfois, le monde est tel qu'une queue se forme. Il n'y a rarement personne, ce commerce ne connaît pas la crise.

L'endroit n'est quand même pas terrible, il flotte une odeur forte de cigarette, de cannabis et de pisse. Je ne sais pourquoi, mais les surveillants et sans doute d'autres préfèrent uriner dans les halls plutôt que dehors, dans les bosquets. Ils ne sont pourtant qu'à dix mètres. Je ne dis rien, ici, je ne suis pas chez moi.

À quatorze heures, la relève arrive. Décidément, ici, les personnes sont ponctuelles, comme à l'usine. Ça tombe bien, j'ai faim. Je donne la recette à Kévin : un peu plus de deux mille cinq cents euros. Après un comptage rapide, il me rend fièrement cent trente euros en me demandant :

— Content ?

Oui, bon, je n'ose pas lui dire que je ne vais pas m'envoler non plus mais je lui adresse un sourire. Il poursuit :

— Tu vas voir, tout le monde te respectera ainsi. C'est ça l'important, le respect. Avec cet argent, tu pourras aller dans une boîte branchée et te saouler au champagne ! Tu peux même te faire une pute, continue-t-il.

Je le remercie de ses conseils et pars consommer une blonde, une vraie, douce, avec du caractère, pas trop sucrée et liquoreuse. Je m'en délecte ! J'en commande une deuxième. L'extase ! Encore sous l'ivresse, je comptabilise l'argent qui me reste : cent vingt euros. Je dois réfléchir aux moyens de le dépenser. Je verrai bien.

Je poursuis mes jours au sein de la cité et je découvre un nouveau monde.

Le gouvernement a entrepris de réhabiliter les quartiers.

— C'est que de la com ! me dit mon collègue. Ici, c'est la prison à ciel ouvert, on est discriminés en permanence, on pourra jamais y arriver. Tu vois, ils ont encore fait une loi contre nous en policisant les trafics.

J'observe des ouvriers œuvrer à la rénovation des halls d'immeuble et des alentours. Alors que ces bâtisseurs sont en pleine action, de nombreux jeunes vaquent autour d'eux et les regardent travailler. Peut-être ces créateurs créent-ils des vocations auprès de la population car ceux qui les observent semblent passionnés par le travail effectué. Dès que les constructeurs tournent le dos, un des jeunes observants subtilise un outil, sans doute pour l'utiliser à son tour.

Bien sûr, un tel engouement crée des conflits et il n'est pas rare qu'un des maçons ne puisse plus revenir sur le chantier par peur des représailles. C'est dommage, car je vois bien que la population souhaite leur présence. Par exemple, dès qu'un carreau est réparé, il ne faut pas deux jours pour qu'il soit de nouveau cassé.


Chaque personne entrant dans le hall est systématiquement fouillée. Ceci est également vrai pour moi, même quand je dois sortir dehors dans un bosquet faire mes besoins. Fouiller les femmes âgées ou les enfants est tout de même abusé.

Enfin bon, la population semble s'en être accommodée, on s'habitue à tout.

Un matin, assis sur mon palier de vente, j'aperçois Marie-Caroline montant les marches. Je ne sais plus où me mettre tant j'ai honte, je me demande ce qu'elle peut bien trafiquer ici. Je me lève et fais semblant d'être un habitant, croisant les doigts pour qu'elle ne me reconnaisse pas. Raté, elle me reconnaît de suite et me demande tout étonnée :

— Clément ! Tu te souviens de moi ?

— Bien sûr, lui dis-je en l'embrassant, alors, qu'est-ce que tu deviens ?

Marie-Caroline me dit qu'elle est devenue professeure à l'université.

— J'ai réussi grâce à toi, poursuit-elle, tu m'as donné cette aide qui me manquait, je te remercie.

Je rougis fortement. Gêné par ce compliment, je change de sujet en lui demandant, ironique, si elle s'était perdue pour atterrir ici.

— Je fais partie d'une association qui apporte un soutien scolaire aux enfants qui le souhaitent, qui conseille les jeunes professionnellement et aide administrativement les habitants. En fait, mon petit rôle consiste surtout à redonner de l'espoir aux jeunes du quartier, leur montrer en tout cas que beaucoup ne sont pas indifférents à leur potentiel, me dit-elle enthousiaste. Il est énorme, je le sais. Il faut que ce potentiel éclose, qu'il s'exprime pour tous. Pour moi, il suffirait que les jeunes y croient : en eux et à leurs chances. Il faut leur dire et leur redire que c'est possible, c'est la seule façon d'avancer, ensemble. Rien n'est perdu d'avance ! Ici, les habitants sont vrais, entiers, enrichissants. Je me sens vivre auprès d'eux, utile.

— Et toi, que fais-tu là ? continue-t-elle tout sourire.

Il y a des jours où l'on ne sait plus où se mettre.

— Je rends visite à un ami, réponds-je.

Nous montons les marches côte à côte pendant que nous parlons. Chaque personne rencontrée serre la main à Marie-Caroline en la remerciant. On ressent la chaleur et le respect de tous. Si certains continuent leur démonstration de gratitude en me félicitant et en me serrant la main, d'autres me reconnaissent et me regardent d'un air méfiant. Je dois me dépêcher pour que Marie-Caroline ne se doute de rien, je l'embrasse et la quitte promptement.

Revenant à mon point de vente, mon collègue me dit sèchement que je lui manque de respect en quittant mon poste comme cela.

— Qu'est-ce qui t'arrive ? lui dis-je, énervé.

Je sais m'adapter. Je vais lui en donner du respect à ce con. Vivement que cela se termine et que je parte d'ici.

Voyant ma colère, il me propose de fumer sur son joint :

— Celui-là, c'est de la bonne, grave, pas coupé comme celui qu'on revend à toutes ces baltringues. Ça te fera du bien.

Je refuse sèchement. Qu'est-ce qu'il m'énerve !

À la fin de la deuxième semaine, je déclare à Kévin le chiffre d'affaire réalisé et le rassure sur la probité de ses employés. Il me questionne un peu, de manière insistante. Je réponds succinctement.

Enfin, je peux partir, je me casse ! J'ai rendu mon service en retour.


Je me retrouve avec un bon paquet d'argent liquide, mais je n'en trouve pas l'utilité puisque je ne peux pas le dépenser comme je le souhaite. Ce monde est assez glauque malgré les paillettes en forme de survêtements de marque. Vivre dans l'opulence au milieu de la pisse ne me fait pas rêver.


Églantine détient des amis peu recommandables. Je ne veux pas lui dire les activités de Kévin pour ne pas me montrer jaloux envers un rival, mais j'essaierai tout de même d'insérer une ou deux insinuations à ce sujet.


En repensant aux actions menées par Marie-Caroline, je me sens mauvais en ce moment. L'expérience enrichit. Églantine me manque. Je me demande si ma vie ne me fait pas devenir aigri, superficiel et égoïste. Je veux changer.

# Voyage en Chine

## Beijing

Mon départ pour la Chine approche. Je souhaite explorer l'Empire du Milieu, seul, à la routarde : découvrir une nation, connaître la Chine profonde ; et non pas la Chine paravent, celle que l'on veut étaler aux touristes.

Ce pays me fascine depuis toujours ; j'imagine un territoire empreint de modernité et de tradition, une communauté marquée par une culture culinaire et toutes sortes d'arts : les arts martiaux, les jardins, la calligraphie, la poésie... la souffrance aussi, le travail, le manque de liberté, mais aussi une joie de vivre certaine. Plutôt, une soif de vivre.

Je compte me rendre dans certains endroits reculés où l'anglais reste tout aussi inconnu que le français ; pour communiquer et me fondre à la population locale, j'ai appris quelques mots de la langue chinoise ainsi que sa grammaire.

Mon voyage durera trois semaines et sera entièrement improvisé, excepté les deux premières nuits pour lesquels j'ai réservé une auberge de jeunesse. Mon sac à dos, mon passeport et mon billet d'avion en main, je me rends à l'aéroport.

L'avion atterrit le matin à Pékin, curieusement appelé Beijing par les Chinois.

En route vers l'inconnu, l'aventure peut commencer, rempli de découverte ! Peut-être trouverais-je une cité perdue des temps anciens ou un trésor caché de la dynastie Ming.

L'aéroport est immense, moderne et brillant (au sens propre). Nous sommes en juillet et Beijing est peu conseillé en cette période de l'année du fait de la chaleur et de la pluviométrie. Si effectivement il pleut, la température douce façonne un temps agréable. J'apostrophe un taxi qui me conduit directement à l'auberge de jeunesse pour que je puisse y poser mon sac à dos, même s'il est peu lourd.

Je souhaite, durant mon séjour, n'entreprendre qu'une seule vraie journée de tourisme et je préfère commencer par celle-ci. À l'instar des pékins itinérants du coin, je décide de me rendre place Tian'anmen. La marche et le métro me permettent de découvrir peu à peu la ville.

Au lieu dit, un immense espace m'étreint et, malgré la pluie, bon nombre de quidams évoluent calmement. Je visite la Cité interdite, le Musée national de Chine, le mausolée de Mao Zedong et d'autres curiosités. Malgré la multitude du public, l'atmosphère a su garder le calme et la profondeur de son histoire. Je rentre en fin d'après-midi à mon auberge de jeunesse, épuisé par ces visites.

Après une courte sieste réparatrice, je pars dîner à un restaurant de rue proche. Il m'est difficile de savoir ce que je commande car je n'ai pas le courage d'ouvrir mon dictionnaire. La nourriture est préparée et cuite sur place ; le cuisinier me sert du chou avec du porc. C'est délicieux.

Les personnes autour dévorent leur plat en parlant fort.

Les sons qui s'expriment ainsi montent en mon esprit tels des mélodies exotiques, indéchiffrables, réconfortantes. Mes pensées vagabondes au rythme de l'agitation ambiante.

Flegmatique, je mange seul et doucement. J'aime cette vie. La balade du soir confirme ma tranquillité et je profite de la nuit pour dormir.

Mon voyage commence ainsi, apaisé.


Le lendemain, le soleil brille et je décide d'errer dans la cité. La ville ressemble à ce que j'imaginais : une architecture moderne et chaleureuse, des immeubles immenses sans être imposants. Des pancartes diverses et variées se manifestent ostensiblement mais je ne les comprends pas puisqu'elles sont en mandarin. Parfois, les charpentes sont arrondies, et les avant-toits relevés en courbes gracieuses contrastent avec le reste des constructions faites de verre et de pierre. La tradition et le récent se côtoient sans gêne. De grandes artères, où vélos et voitures se croisent traversent la ville. Les marchés vendent de tout. Dans certaines rues, les enseignes lumineuses clignotent de manière permanente. La vie est omniprésente.

Je m'endors le soir le cœur content.


À mon réveil, bien que toujours présent, le soleil est caché par une épaisse couche de pollution ; mes yeux piquent : je décide de quitter Beijing.

Je souhaite me rendre à la campagne et me dirige donc vers la gare qui est véritablement bondée : les voyageurs s'impatientent et moi aussi. Dans la cohue, je repère les horaires d'un train qui partira dans trente minutes en direction de Tumen ; le trajet sera direct et ne durera qu'un peu plus d'une heure.

Je regarde rapidement mon guide, il ne dit rien sur cette petite ville mais j'aperçois son nom sur le plan : située près de la rivière Tumen, non loin de la frontière nord-coréenne, la ville est distante d'environ neuf cents kilomètres au nord-est de Beijing.

C'est parti !

Arrivé sur le quai où se situe mon train, je remarque étonné que celui-ci ne semble pas flambant neuf. Dubitatif, je vérifie mon billet : l'horaire est le bon, mais je n'arriverai que le lendemain. Plus de vingt-cinq heures de trajet, c'est long ! Je comprends mieux pourquoi la guichetière m'a demandé si je souhaitais dormir dans un wagon couchette. Moi, je me suis procuré un billet de quatrième classe afin de communier avec le prolétariat chinois.

Je m'installe à ma place, les sièges en bois brut ne rendent pas l'assise particulièrement confortables mais contribuent au climat de convivialité franche.

Le train démarre doucement, s'élançant fièrement à travers la ville. La fenêtre menant au monde extérieur invite à la découverte de paysages pittoresques. Plus nous avançons, plus la population se raréfie. Nous traversons des champs, des forêts, des espaces verts et des petits villages ; le décor se montre assez varié et joli ; un peu fugace tout de même. Je souhaiterais presque un ralentissement du train en certains endroits.

L'occasion est belle de philosopher avec mes voisins chinois et d'apprendre de leur culture. Je commence à m'exprimer sur tout et surtout sur rien, sans saisir un moindre mot en retour de mes interrogations. Bien qu'il n'y ait aucune différence entre la théorie et la pratique, en théorie ; je réalise attristé la marge existante entre les deux : les discussions s'avèrent chaotiques.

Si ces tentatives de communication s'avèrent amusantes quelques instants, assez rapidement, mes interlocuteurs montrent une certaine lassitude et font mine de me comprendre en souriant. Ces sourires forcés projettent une impression d'ennui qui me trouble et nous embarrassent mutuellement.

Pour amoindrir notre gêne, je quitte mes nouveaux amis en les saluant de la tête pour me promener dans le train.

Profitant de cette marche pour me rendre au lieu d'aisance et débriefer le dîner, je constate apeuré le manque de papier-toilettes, heureusement qu'il me reste des mouchoirs ! Je repasse dans les allées en regardant les voyageurs, je m'assois et révise mon chinois. Je regarde par la fenêtre. Joli paysage.

Bon, je commence à m'ennuyer ferme !


Le soir arrive enfin ; j'essaie de dormir tant bien que mal mais j'ai bien du mal tant ma place est exiguë et dure. Pourtant, je dispose d'une forte capacité à dormir dans des endroits peu confortables comme les boîtes de nuit. La lumière du wagon reste allumée toute la nuit et il m'est impossible de l'éteindre. Mes voisins de circonstance parlent fort, slurupent bruyamment leur soupe et/ou fument des cigarettes constamment ; seule une poule assise à l'avant du wagon reste calme et silencieuse. Impressionné par sa sagesse, j'essaie de reproduire son comportement en me concentrant sur le ronronnement ferroviaire ; la mélopée m'emporte vers le pays des songes...

Le lendemain, je ressens toutes mes articulations tellement le siège est inconfortable ; cela s'avère une bonne nouvelle, cela indique que j'ai réussi à dormir un peu. Je tente à nouveau de discuter avec mon entourage, mais décidément, entre la théorie et la pratique, un gouffre subsiste : ils ne comprennent pas grand-chose à ce que je dis. Je commence à me poser des questions sur la qualité de mes manuels d'apprentissage. Je discute donc de tout et de rien, le rien l'emportant sur le tout et je dois me rendre à l'évidence : je les ennuie bel et bien.

La balade effectuée dans le train permet de me dégourdir les pattes ; je regarde les passagers d'un air curieux et, comme la veille, les passagers me le rendent bien. Las, je me rassois difficilement tant le siège me fait mal et révise de nouveau mon chinois. Je regarde par la fenêtre. Joli paysage.


Bon, c'est bien beau tout cela, mais j'aimerais bien arriver !

Encore huit heures de trajet...J'espère que le train arrivera à l'heure prévue à Tumen. Une heure de plus et je pense que les mandarins vont vraiment comprendre ce que je dis !

Cela ne sert à rien de s'énerver : j'essaie de me calmer.

À côté de moi, deux personnes jouent aux cartes, je voudrais fortement me joindre à elles mais je ne comprends pas les règles du jeu. Elles ne me proposent pas de les rejoindre et je ne veux pas les déranger, alors je m'éloigne.

Je retourne à ma place et regarde par la fenêtre. C'est long, long, long... le siège est dur, dur, dur...

Vivement que la Chine se réveille !


Plus tard, beaucoup plus tard, enfin, nous arrivons.

## Tumen

Tumen est une ville d'environ cent mille habitants, au nord-est de la Chine, pas très agréable, pas très typique.

Je me demande quand même ce que je fais là.

Je me promène donc dans la ville sous les yeux de la population qui me regarde étrangement : les habitants n'ont sans doute pas l'habitude de croiser des Occidentaux. Les marques du communisme sont ici exhalées et ne ressemblent pas à du folklore. J'essaie de lier connaissance avec des passants mais peu savent baragouiner l'anglais ; à moins que soit mon anglais qui ne soit médiocre ; sans doute les deux. Suite à maintes tentatives, on finit par m'indiquer un quartier où je pourrai trouver un logement bon marché pour la nuit. Je m'y rends à pied.

Plus j'avance, moins la ville est pimpante : ma destination doit se rapprocher. Le quartier est délabré et sale mais les rues sont actives. Durant ma marche, j'aperçois des volailles pendant au-dessus de tréteaux dans une échoppe ; bien que la nourriture dépouillée ne me semble pas particulièrement appétissante, en cet instant, j'ai faim ! Après avoir commandé un poulet avec du riz, on me sert un plat dont la saveur est équivoque. Ce doit être du canard, du moins j'espère.

Une fois ma pitance acquittée, je longe les rues qui regorgent encore d'activité. Des poussepousses me poussent, des prostituées m'alpaguent, l'ambiance est particulière, exotique nous dirons. Je marche maintenant depuis plusieurs heures. Je suis crevé.

La nuit tombe. Décidément, j'ai l'impression d'être le premier Occidental à découvrir cette ville. Tout le monde me regarde de manière plus ou moins bienveillante ou plutôt, plus ou moins malveillante. Je ne traîne pas et je rentre dans le premier hôtel venu, sans le choisir. Il ressemble un peu à une maison de passe mais il fera l'affaire pour cette nuit.

Je me couche un œil ouvert ; puis me laisse rapidement envelopper par les songes.


Je me réveille de bonne heure et de bon pied. Aujourd'hui, je sors louer un vélo et visiter la campagne.

Ma confiance étant modérée envers l'hôtel, j'emporte mon sac et me rends enthousiaste à l'adresse d'un loueur de vélo que m'a donnée le tenancier.

Sur la route, j'aperçois une femme accourir vers ma direction ; elle s'arrête essoufflée mais retrouve rapidement ses esprits. Elle me parle chinois et je ne comprends qu'un mot sur deux, en fait, je ne comprends surtout qu'un mot qui revient régulièrement : « partir ». Visiblement elle veut partir ; à moins que ce ne soit moi qui doive partir ? Mais où ? Gêné, je continue à marcher dans la rue en essayant de l'ignorer mais elle continue de me suivre. Ses paroles restent pour moi opaques, je ne comprends pas la situation et cela m'inquiète un peu. Je veux la fuir mais elle m'agrippe fermement le bras, m'obligeant à l'accompagner. Nous continuons de marcher rapidement et je ne trouve pas le temps de réfléchir et ne sait comment réagir.

Je reconnais le quartier où elle m'emmène, nous nous dirigeons vers la gare. Cela me rassure un peu, je me retrouve en terrain connu.


Comprenant peu à peu que cette fille est nord-coréenne, je déchiffre qu'elle souhaite quitter cette ville pour ne pas se faire rattraper. Je n'arrête pas de regarder mon dictionnaire mais la maîtrise de celui-ci s'avère délicate, il m'est difficile de décortiquer chaque mot et deviner le sens des phrases : je déduis plus que je ne comprends.

Quand je lui parle de commissariat, elle me regarde avec une telle incompréhension, voire du mépris, que je préfère me taire. Alors que nous arrivons à la gare, elle me fait attendre à un guichet. Je ne sais pas comment réagir, elle semble déterminée et sincère.

Moi, comme un imbécile, par fierté aussi, je n'ose m'esquiver pour ne pas me montrer mesquin. Je peux quelquefois manquer de courage. J'achète donc deux billets de train en partance de Tumen ; le terminus : Jiutai. Je n'ai aucune idée de l'endroit où se situe cette ville mais j'espère juste que ce n'est pas en Corée du Nord.

Je donne ainsi un billet à ma nouvelle camarade qui ne dit plus un mot et me fait signe de me taire. Tant mieux, je peux me reposer et reprendre mes esprits.

Nous attendons plusieurs heures, prostrés dans un coin en attendant le départ de notre train.

Le voyage durera dix heures. Dix heures claquemurés dans un wagon, dix heures à regarder par la fenêtre. Quelquefois, j'envie les vaches. Dans quoi me suis-je embarqué ?

Ne cessant de regarder mon billet, j'ai vingt fois le temps de regretter ma décision avant que le train ne parte. Je me demande d'ailleurs pourquoi j'accompagne cette inconnue qui ne m'a jamais demandé de l'escorter ; quand on me précipite, j'oublie de réfléchir.

C'est vrai : je rêvais d'aventures, faite de péripéties, trésors et merveilles ; tant pis, ce sera pour une autre fois, je n'aurais droit qu'aux charmes exotiques ferroviaires.

Le train avance doucement. Ma camarade ne dit toujours pas un mot et ne paraît pas rassurée, surtout quand les contrôleurs vérifient son billet : le contrôle ne dure qu'un instant, ils ne lui demandent pas ses papiers d'identité, je suis soulagé. Je la regarde un long moment puis lui offre de quoi manger, il ne faut pas qu'elle s'affaiblisse. Cette Nord-Coréenne, dont j'ignore le nom, me semble bien mal en point. Je surprends des marques de coups sur son visage et ses bras. Elle essaie de les cacher pour ne pas attirer l'attention mais ses vêtements ne peuvent dissimuler les hématomes sur sa peau. Elle accepte ce que je lui propose : des barres de céréales achetées en France. Je n'ai pas grand-chose d'autre.

Partiellement rassasiée, elle se pelotonne contre son siège et regarde par la fenêtre avec ses yeux en amande.

J'ai compris : elle ne veut pas parler. Le reste du trajet se passe en silence, immobile.

Longtemps après notre départ, le train décélère et finit par s'arrêter. La cohue de la gare et sa sortie débouche sur une ville inconnue, sans doute superbe à visiter.

Nous nous rendons directement dans un hôtel sans ne rien contempler, que le couloir à moitié décrépit menant à notre chambre.

Une fois certaine que personne ne puisse nous entendre, enfin, la parole de ma comparse se délie et explique que son accent coréen pourrait la dénoncer si elle s'exprimait en public.

Son accent, sans doute, rend difficile ma compréhension : je ne cesse de regarder le dictionnaire, lui demandant de répéter plusieurs fois ses phrases pour en deviner le sens. C'est un bon exercice d'apprentissage.

Patiente, ma camarade explique lentement sa situation :

Le gouvernement chinois renvoie systématiquement en Corée du Nord ceux qui auraient pu s'en échapper. Là-bas, c'est la mort qui l'attend. Elle se prénomme Yun, « Mélodie » en français.

Comme la plupart des démunis, de ceux ne pouvant protéger le Père de la Nation, car non militaire, sa famille ne disposait pas de nourriture. La souffrance engendrée par la famine a constitué un obstacle qu'elle n'a su surmonter. Malgré l'amour porté à sa patrie et la honte de ne pouvoir participer à la grandeur de son pays, Yun a fui.

Yun me fait comprendre la souffrance de rester des jours sans pouvoir se nourrir, les carences, les déficiences physiques et morales qui s'aggravent, visiblement. Chaque instant est consacré à la recherche de pitance. Tout ce qui est organique se mange. Tout. La mort devient familière et vous caresse constamment. Elle n'avait rien à perdre, sa famille n'était plus. Elle est partie.

Traverser la frontière avec la Chine fut difficile et surtout dangereux. Si elle avait été repérée, on lui aurait tiré dessus sans sommation. Durant son périple, elle dut enjamber un cadavre ; sans doute un compatriote ayant pareillement tenté de traverser la frontière, il n'a pas eu sa chance.

Une fois arrivée en Chine, son soulagement ne fut que de quelques heures, le temps d'attendre le proxénète à qui son passeur l'avait vendue. Elle ne le comprit que plus tard.

Manger à sa faim ne rendit pas sa vie meilleure. Devenir une esclave sexuelle peut être pire : toute dignité est reniée, l'âme souillée en profondeur.

Elle réussit à s'enfuir de son lupanar et me croisa dans la rue. C'est alors qu'elle se dit qu'il lui restait une chance ; Yun a vu en moi son sauveur. Si son maquereau l'avait récupérée, la faucheuse devenait alors la meilleure alternative à sa vie.

La mort, sa propre mort, elle y pense souvent, elle s'y attend, tout en la combattant.

Yun ne possède qu'un rêve : vivre en Corée du Sud, pays de la liberté et du confort, rejoindre son peuple.

Le visage marqué par les tourments et la misère, les hématomes visibles en guise de témoignage, j'admire son courage et sa capacité à rester sobre et fière.

Yun exalte une vie simple, ordinaire.

Son âge ne me paraît pas si avancé, peut-être une trentaine d'années : la vie s'offre à son avenir.

Ému, je suis évidemment prêt à tout pour l'aider. Je lui promets de l'assister à mon maximum. Yun me remercie chaleureusement, la larme à l'œil.

Nous nous étreignons comme des frères, à la vie, à la mort.

Yun m'explique que l'ambassade de la Corée du Sud à Bangkok l'aidera à rejoindre ce pays. Bangkok, c'est en Thaïlande, au sud de la Chine, après le Laos. La Thaïlande se situe à environ cinq mille kilomètres de distance, peut-être plus.


Plus de cinq mille kilomètres ! Elle exagère ! C'est n'importe quoi. Franchement, elle ne manque pas d'air. Et bien sûr, impossible d'utiliser l'avion. Et je lui ai promis, mais quel imbécile ! C'est impossible, je pense qu'elle doit ignorer où se trouve Bangkok. Je sors une carte pour le lui montrer.

Hélas, si ! Yun connaît la position de cette ville.

Il faudra aussi traverser le Laos. Elle me montre un point où l'on pourra échapper aux contrôles frontaliers. Le Laos, à l'instar de la Chine, renvoie en Corée du Nord les Coréens du Nord.

C'est pénible, ils n'ont que cela à faire.

Bon, moi, heureusement, avec mon passeport français, je ne risque rien.

J'examine rapidement le plan. Nous pourrions aussi passer par la frontière birmane, mais je ne pense pas que cela soit la peine de le lui proposer.

Une solution moins contraignante doit exister. Je m'endors fatigué. Quelle galère !

On dirait que pour elle, les Occidentaux sont des anges gardiens. Dans les rêves, peut-être.

## Xishuangbanna

Je me réveille aux côtés de ma nouvelle protégée. Nous petit-déjeunons en silence, nous devons fournir trop d'efforts pour nous comprendre.

Je profite de ce moment pour réfléchir.

Comme nous avons besoin d'un passeport pour utiliser l'avion et que Yun n'en détient pas, à part le train ou le bus, il ne reste que le bateau grâce auquel nous pourrions franchir la frontière laotienne sans trop de problèmes vu que nous ne la traverserions pas. Je me renseigne pour savoir si des paquebots partent de la Chine jusqu'à Bangkok. A priori, non, peut-être des croisières de luxe, mais mon budget ne me le permet pas ; c'est dommage car cela aurait été bien cocasse et je n'ai encore jamais fait de croisière.

Le plus accessible reste le train : j'achète deux billets en troisième classe où les sièges sont rembourrés (finalement, je préfère communier avec la petite bourgeoisie chinoise) en direction de Kunming, ville située non loin de la frontière laotienne. Le trajet durera presque trois jours, avec deux correspondances. Au moins, nous économiserons les nuits à l'hôtel, ce voyage commence à devenir bien cher !

Nous nous rendons à la gare et attendons le train.

Des hommes en uniforme sont de faction, Yun ne dit rien. Moi non plus. Je m'éloigne un peu pour détourner l'attention.

Après une longue attente, le train arrive enfin. Nous nous installons dans le même wagon, puis nous partons.

Plus de deux heures après le départ à ne rien faire, j'essaie à nouveau de parler un brin chinois avec mes voisins ; je progresse bien peu dans la langue, je discute donc de rien et je m'ennuie. En fait, c'est un peu comme discuter avec un français inconnu dans la rue. Si l'on n'a pas de sujet précis, cela reste superficiel. Le peu que je comprends ne m'apprend rien. Les métiers restent identiques en Chine et en France et la vie quotidienne semble relativement similaire. Mais bon, cela fait passer le temps. Je passe et repasse dans les allées en regardant les passagers. Aux toilettes, il n'y a toujours pas de papier et je n'ai plus de mouchoirs. Je m'assois en appréciant brièvement le rembourrage des sièges et révise encore mon chinois. Je regarde par la fenêtre : joli paysage, oui, joli paysage...

, je ne sais que faire ici. Vivement que nous sortions de ce train, une vraie prison roulante !

À côté de moi, impassible, Yun reste assise et ne bouge pas. Je me demande à quoi qu'elle pense. Sa vie se joue à chaque instant.

Les contrôleurs arrivent et rompent la routine en vérifiant mon billet. Je ne sais pas pourquoi, mais ils demandent mon passeport que je le leur présente volontiers : je suis en règle. En revanche, je m'inquiète pour ma protégée que je regarde furtivement, elle reste de marbre.

Si elle est prise, qu'est-ce que je fais ? Je défends sa cause au risque d'être appréhendé pour complicité ?

Les contrôleurs vérifient le billet de Yun mais ne demandent rien de plus : ça passe, ils s'éloignent. Je suis soulagé.

Nous continuons le voyage et arrivons à dormir un peu.

Arrivés à Changchun, nous attendons le prochain train. Je n'arrive pas à me décontracter totalement. Je me demande dans quel état d'esprit est Yun, elle ne semble ressentir aucune émotion. Pourtant, nul doute que sa sensibilité ne fût entièrement annihilée par la douleur : il reste utile de la délivrer.

Nous continuons le voyage. C'est long, très long.

Les trajets se ressemblent, les mêmes gestes, les mêmes craintes.

Nous débarquons à deux heures du matin à la gare de Hankou et essayons de dormir un peu. Nous ne sommes pas les seuls, un véritable dortoir s'est créé. Le prochain train est dans sept heures.

Yun ne dit toujours rien. Elle ne lit pas non plus : elle ne sait pas déchiffrer les idéogrammes chinois. J'achète un journal sud-coréen à la gare et le lui donne. Elle a l'air très surprise ; sans doute n'a-t-elle jamais lu de journaux.

Nous repartons vers Kunming : plus que dix heures de train, on y est presque.

Une heure plus tard, je n'en puis plus. J'essaie tant bien que mal de m'occuper mais je n'y arrive pas, la moindre minute me semble durer des heures. Il faudrait aussi penser à me doucher, je commence sérieusement à emboucaner.

C'est long, c'est long, c'est long, c'est long...

Encore sept heures...

Je n'imaginais pas que la traversée serait aussi difficile.

Je me plonge dans la lecture de l'encyclopédie en ligne ferrée :

« Le **bouddhisme** est, selon les points de vue en Occident, une religion (notamment une religion d'État) ou une philosophie, voire les deux dont les origines remontent en Inde au V$^e$ siècle av. J.-C. à la suite de l'éveil de Siddhartha Gautama et de son enseignement.

Les notions de dieu et de divinité dans le bouddhisme sont particulières : bien que le bouddhisme soit souvent perçu comme une religion sans dieu créateur, la notion étant absente de la plupart des formes du bouddhisme, la vénération et le culte du Bouddha historique Siddhartha Gautama en tant que *bhagavat* joue un rôle important dans le *Theravāda* et également dans le *Mahāyāna*, dans lesquels il est un être éveillé ayant trois aspects ou manifestations (*trikāya*).

Le bouddhisme est issu des enseignements de Siddhartha Gautama, « l'éveillé », considéré comme le Bouddha historique.

Le bouddhisme est une voie individuelle dont le but est l'éveil, par l'extinction du désir égotique et de l'illusion, causes de la souffrance de l'homme. L'éveil est une base à l'action altruiste.

[...]

Toutes les méditations bouddhistes ont pour but le développement de la "conscience éveillée" ou "conscience sans ego", en utilisant la concentration comme un outil. Mais le bouddhisme comprend de nombreuses voies différentes, qui peuvent toutes être rattachées à ses trois principales branches :

• le bouddhisme *theravada* (majoritaire en Thaïlande et en Asie du Sud-Est), issu du bouddhisme ancien, dont le cœur de la pratique est la méditation *vipassana* (observation des sensations et de l'attention)

• le zen, (branche du bouddhisme *mahāyāna*) est axé sur une forme de méditation assise. La discipline et l'engagement sont plus importants que pour *vipassana* et l'arrière-plan religieux y est souvent plus visible. Il est constitué de deux voies principales : *sōtō* et *rinzai*

• le bouddhisme tibétain (dit aussi tantrique ou *vajrayana*) : c'est la forme la plus religieuse et sa pratique est axée sur la méditation mais aussi sur des rituels et une dévotion au maître ainsi qu'à sa lignée. »

Méditons, ne pensons à rien, le temps n'existe plus.

Sans doute le bouddhisme s'est-il répandu en Chine suite à l'avènement du chemin de fer.

Encore quatre heures de trajet, même pas l'équivalent d'un Paris-Nice. Courage ! On approche.

Enfin arrivés ! Que l'on ne me parle plus de train !

Yun n'a pas été contrôlée et nous sommes libres. Décidément, la sécurité laisse à désirer en Chine. Je souris.

Yun reste silencieuse et garde un visage neutre.

Nous mangeons un morceau et nous dénichons un petit hôtel. Le lit me paraît étonnamment confortable et je m'endors aussitôt dans un sommeil profond.

Le lendemain, nous cherchons un bus en direction de Xishuangbanna et, après quelques heures d'attente, nous quittons Kunning. Moins de cinq cents kilomètres distancient les deux villes. Notre périple arrive à sa fin.

Le voyage s'effectue sans encombre : cinq heures de trajet, nous ne sommes plus à cela près. Même s'il est vrai que contrairement au train, nous ne pouvons pas nous balader dans le bus qui, du reste, résonne bruyamment.

On arrive. Je veux visiter un peu la ville et marcher un peu mais Yun préfère pénétrer directement dans un hôtel, estimant sans doute qu'il est plus prudent de nous enfermer. Nous en recherchons un et, comme d'habitude, je donne mon passeport à l'hôtelier et ne dit rien de Yun.

Nous nous posons dans la chambre. Yun me dit que le plus difficile reste à entreprendre : franchir la frontière laotienne. Curieux, je lui demande comment elle connaît le passage à emprunter pour traverser la forêt. Elle m'explique qu'elle a eu cette information à Tumen par une camarade collègue et compatriote qui elle-même l'a su grâce à un blog sur internet.

Je ne suis pas du tout rassuré.

Yun, de toute façon, n'a rien à perdre, aucun plan alternatif n'existe et je commence à bien fatiguer de cette histoire. Je préfère me taire pour ne pas inquiéter Yun qui a l'air sûr d'elle.

Je me tranquillise en me convainquant que, si je me fais intercepter par la police, je pourrai toujours dire que je me baladais innocemment près de la frontière...

J'examine attentivement le plan : nous sommes environ à cent kilomètres de la frontière laotienne. Nous devons trouver un taxi qui ne nous dépose pas trop loin de celle-ci, mais distant des contrôles frontaliers. Heureusement, comme je suis un Occidental, le taxi s'imaginera ce qu'il voudra quand il nous déposera, mais sans doute pas que nous souhaitons traverser la ligne clandestinement ; et s'il devine nos intentions et que cela le préoccupe, le temps qu'il prévienne les autorités, nous serons loin.

## Bangkok

Ce jour est le Grand Jour ! Enfin un peu d'action !

Nous nous levons tôt et je savoure la douche matinale. Qui sait quand j'aurai l'occasion de me prélasser de nouveau ?

Nous sortons acheter des provisions en prévision du voyage. Je me procure du riz cuit, du pain, de l'eau et quelques fruits que je dispose dans mon sac à dos ; il est bien rempli et commence à peser lourd. Je me procure également une petite boussole et une lampe torche.

Nous montons dans un taxi et indiquons au chauffeur une ville non loin de la frontière laotienne. À quelques kilomètres de la ville, je demande au conducteur de nous arrêter au milieu d'une route de campagne, je ne veux pas que nous nous fassions remarquer. Je règle le trajet et l'homme ne pose pas de questions.

Le soir approche.

Yun a insisté pour que nous parcourions le chemin de nuit pour ne pas nous faire repérer ; nous marchons à travers la verdure et je me dirige plus ou moins bien grâce à la boussole.

La nuit tombe, une nuit noire que rien ne vient éclairer, une nuit qui nous camoufle avec un tel succès que nous n'apercevons même plus où nous posons nos pieds. J'allume la lampe torche pour obtenir un peu de visibilité, créant ainsi la seule lumière des environs. Quiconque qui se trouverait aux alentours ne verrait que nous : nous serions moins voyants en journée. Inversement, si des gardes frontaliers patrouillaient, nous pourrions les apercevoir au loin. La nuit aide à la visibilité.

Nous marchons depuis plusieurs heures au sein d'une végétation qui se densifie, fatigante. Je m'arrête quelques instants pour me reposer mais Yun s'impatiente ; pensant que des soldats pourraient nous apercevoir et nous arrêter, elle souhaite continuer à avancer.

Son chuchotement résonne dans la nuit ; le silence épais qui nous entoure permet au moindre son de s'imposer exagérément, comme ce bruit inconnu d'une bestiole que j'espère loin de nous. Je me soumets, marcher rassure.

Nous pénétrons dans la jungle, loin des barrages et de toutes activités humaines. La marche s'avère difficile, nous ne trouvons pas toujours à nous frayer un passage dans la broussaille, nous obligeant à de nombreux détours.

Nous marchons toute la nuit, machinalement, sans réfléchir. Nous nous restaurons un peu, reprenons des forces, un peu.

La marche continue, exténuante.

Je ne sais pas si des animaux peu fréquentables musardent par ici et je ne veux pas le savoir. Je ne rêve qu'à des endroits douillets, des lieux de villégiature, la chaleur des amis, la joie de me sentir aux côtés de mon aimée.

Je souhaiterais être partout sauf ici, le parcours n'en finit pas.

Soudain, une appréhension me saisit : j'espère que nous ne sommes pas perdus, personne ne sait que nous sommes ici. Je n'en parle pas à Yun qui a l'air de me donner sa confiance. Mes yeux inspectent régulièrement la boussole et la carte et cela semble la rassurer ; moi, cela m'inquiète un peu, je n'ai aucun repère visuel.

La pluie commence à tomber. Ce n'est vraiment pas le moment. Je donne mon imperméable à Yun et j'en profite pour lui refourguer mon sac à dos ; il faut le protéger et je commence à souffrir des épaules. Heureusement, il ne fait pas froid ; pour autant, avancer avec des vêtements détrempés s'avère lourd et désagréable. Je n'ose pas les retirer, ils me protègent des arbrisseaux et des insectes.

Le jour se lève, nous nous trouvons toujours dans la jungle et nous marchons encore. Je commence à grelotter et j'ai peur de tomber malade. Cela ne doit en aucun cas arriver. Le sol est détrempé et nous avançons difficilement.

Le soleil réapparaît enfin et nous repérons une petite clairière dans laquelle je peux me sécher et me réchauffer. Je crois que ce soleil me sauve la vie. Béni soit-il ! Je n'ai jamais été aussi content de le voir.

Profitant de notre répit, je propose à Yun que nous dormions un peu. Dans les herbes hautes, personne ne pourra nous voir et, de toute façon, nous ne pourrions pas continuer longtemps.

Quelques moustiques ou moucherons apparaissent et nous entourent : nous nous sentons moins seuls.

Nous somnolons quelques heures et nous repartons. Cette halte nous améliore le moral d'autant plus que la pluie revient assombrir le paysage. Je suis rapidement mouillé et remettre mon imperméable ne servirait plus à rien. Nous continuons à marcher encore et toujours. Nous traversons une petite rivière, l'eau nous arrive à la taille mais la pluie m'ayant déjà douché, je ne ressens plus trop la différence. Le paysage change peu mais cette rivière nous prouve que nous ne tournons pas en rond.

En fin de journée, la pluie cesse enfin, il était temps ! Le sol devenait vraiment glissant.

Nous mangeons un peu et repartons. À la nuit tombée, je comprends que je ne peux dormir ainsi ; l'eau, à travers mes vêtements me colle à la peau. Je les retire pour les essorer et il est particulièrement déplaisant de les remettre. Malgré la chaleur, je suis gelé ; nous sommes obligés d'avancer rapidement pour nous réchauffer.

Marchant, marchant et marchant toute la nuit : j'en ai marre. Je suis gelé, j'ai faim, sommeil et mes jambes ne me portent plus. Vivement que tout cela s'arrête. Qu'est-ce qui m'a pris de venir ici ?

J'ai beau observer Yun, je ne perçois pas de fatigue ; je veux rester fier et décide de ne pas me plaindre. Je l'emmènerai coûte que coûte jusqu'à sa fichue ambassade. Je ne veux pas que Yun me perçoive comme faible ; je m'oblige à garder une certaine prestance malgré mes difficultés. J'en ai les larmes aux yeux.

Le plan indique que nous sommes à une petite centaine de kilomètres du parc national de « Nam Ha ». Il semble magnifique, j'aurais tant aimé le visiter confortablement avec les touristes.

Ici, rien n'est accueillant, tout est sauvage, le décor est monotone : des herbes, des arbres, des herbes et des arbres à n'en plus finir. Rien n'est beau, aucun panorama. Je n'en puis plus.


Il recommence à pleuvoir, cette marche tourne au cauchemar.

J'essaie de me rassurer. D'expérience, quand un problème nous empoisonne l'existence, il suffit de ne rien faire pour qu'il se résolve de lui-même.

Brutalement, Yun glisse. Je l'aide à se relever ; elle se plaint d'une douleur aux jambes. Je tâte un peu ses membres et heureusement, aucun ne semble cassé ou foulé, seulement écorchés. Je ne sais pas ce que j'aurais pu entreprendre sinon, excepté abandonner Yun ici. Je ne vois pas d'autres alternatives. S'il m'arrivait un accident m'empêchant d'avancer, c'est moi qui devrait me sacrifier. Mieux vaut ne pas y penser.


Pour me donner du courage, comme souvent, je pense à Églantine, mon amour qui câline mes pensées. Peut-être lui manqué-je aussi ? Je me sens revigorée à l'idée de la retrouver.

Mon Églantine qui ne sait pas encore combien je l'aime...

J'ai hâte d'arriver, rien ne peut être pire qu'ici.

Le petit matin arrive et le soleil aussi. Moite comme je suis, il nous faut absolument trouver une petite clairière pour sécher. J'ai l'impression de me tenir dans un hammam glacé.

Nous marchons une heure ou deux et enfin, une petite clairière adaptée à un repos apparaît. Nous mangeons un peu et je remarque qu'il ne reste plus beaucoup de nourriture et encore moins d'eau. Il devient vital d'arriver rapidement ; mais nous devons d'abord récupérer un peu.

Nous avons bien dû dormir huit heures, nous sommes complètement décalés par rapport aux heures solaires. S'il ne pleut pas, nous essaierons de nous reposer un peu cette nuit, d'autant plus que je n'ai pas de pile de rechange pour la lampe de poche.

Nous marchons le reste de la journée.

Je pensais que l'entraînement nous rendrait la marche plus facile par la suite : il n'en est rien. Au contraire, je progresse fort difficilement, machinalement, et je parviens de moins en moins à ne pas le montrer. Nous instaurons un quota de rations d'eau et de nourriture.

La nuit, comme convenu, nous dormons un peu dans ce silence entrecoupé de craquements. Qu'il y ait ou non des animaux non recommandables ne m'intimide plus.

Au lever du jour, je n'ai pas la grande forme, je ne veux plus avancer, vraiment pas.

Pourtant, nous ne pouvons rester ici.

Nous devons impérativement et rapidement trouver une bourgade, ville ou quoi que ce soit et tant pis pour les risques. Là-bas, nous expliquerons que nous sommes touristes, c'est ce que je suis d'ailleurs. Yun n'aura qu'à dire qu'elle est Sud-Coréenne.

Yun me rétorque que la langue est légèrement différente entre la Corée du Nord et la Corée du Sud et que l'on pourrait la confondre et la dénoncer.

Yun est sympa mais décidément, elle ne connaît pas l'optimisme. Je la rassure en lui disant que de toute manière, les personnes que nous allons rencontrer ne parlent sans doute aucune de ces deux langues. Si elle parle chinois, son accent montrera juste qu'elle n'est pas chinoise et si on lui demande son passeport, elle n'aura qu'à dire que celui-ci est perdu. Bref, pas de soucis.

Notre situation est telle que, de toute façon, si nous apercevions une patrouille, je pense me diriger vers elle pour demander de l'aide. Ce n'est pas comme si nous avions le choix. Si nous allions bien, peut-être, effectivement, ces hommes nous auraient-ils tirés à vue, mais à la vue de notre état, il est certain qu'ils nous secourent. C'est le paradoxe militaire ou l'empathie humaine.

Non, décidément, Yun ne se rend pas compte de notre situation actuelle. Il nous faut de l'aide.

Nous marchons encore de nombreuses heures. Je commence franchement à m'inquiéter, je n'ai aucune idée de notre position réelle et je ne sais pas si nous avons beaucoup déviés par rapport à notre plan.

Plus tard, à mon grand soulagement, nous apercevons enfin des cultures, puis une route : un bourg semble nous attendre et nous délivrer de l'enfer vert. Nous hâtons le pas, je suis pressé de revoir la civilisation.

Nous nous dirigeons vers des habitations. C'est un petit village et nous sommes l'attraction du jour. Nous expliquons aux habitants que nous nous sommes perdus. La communication est difficile, les villageois ne parlent aucune de nos langues mais les intonations de la voix et les gestes suffisent à nous faire comprendre sur l'essentiel.

Nous achetons de quoi manger et boire, nous sommes affamés et déshydratés. Heureusement, après avoir insisté, ils acceptent nos devises chinoises.

Nous mangeons de bon cœur, jamais je n'ai trouvé le riz aussi bon. Nous nous requinquons.

Rester ici est quand même risqué et je ne dois pas rater mon avion de retour pour la France. Je ne connais pas le temps nécessaire pour nous rendre à Bangkok mais il me semble prudent de ne pas traîner. Les laotiens nous informent que la ville la plus proche se situe à plusieurs kilomètres de ce lieu et je me désespère à l'idée de la marche qui nous attend tant je suis las.

Quelqu'un nous propose de nous y emmener et j'accepte immédiatement, soulagé. Yun en revanche n'a pas confiance et semble réticente. Ne souhaitant pas rentrer dans une longue négociation avec elle, je simule ne pas comprendre ses réserves et confirme notre accord : le risque me semble moindre si l'on nous y conduit que de nous y rendre à pied et je suis pressé d'arriver.

Moins d'une heure après, nous avons la joie de revoir une vraie ville, avec du vrai béton, de vrais lampadaires. Notre chauffeur nous dépose devant un hôtel, je le remercie grandement et lui remets quelques devises. L'hôtel et la chambre sont corrects. La douche me procure une sensation de bien-être telle que je reste bien une heure dessous. Je ne pense plus à rien, je me prélasse. Finalement, ce voyage valait la peine.

Pendant que Yun reste à l'hôtel, je retire un peu d'argent local et me renseigne pour trouver un bus qui irait à Tha Ngon, près de la frontière thaïlandaise : un bus part demain à 14 heures, disponible et direct, le trajet ne devrait durer que deux ou trois heures. Je me procure deux billets et m'attable à une terrasse pour boire une bière bien fraiche. La roue tourne, la chance arrive.

Je passe une bonne nuit bien douillette.

Nous partons contents le lendemain. Surtout moi. Yun n'a toujours pas l'air rassurée et ma mine joyeuse semble l'angoisser encore plus.

La route passe assez rapidement. Nous arrivons en fin d'après-midi à Tha Ngon et nous cherchons directement un taxi pour nous conduire près du Mékong. Mieux vaut traverser ce fleuve la nuit, la Thaïlande se situe de l'autre côté.

Le taxi nous arrête et nous marchons environ deux ou trois heures pour nous rendre près du fleuve. Yun veut le traverser à la nage, pas moi. Le fleuve est large et je ne veux pas imbiber mon sac à dos et mes papiers. Je réfléchis : mieux vaut trouver un pont pour franchir l'obstacle au sec.

Nous déambulons le long de la berge et Yun me regarde bizarrement, en silence. Un nuage couvre la lune, la nuit s'obscurcit, nous avançons prudemment avec ma lampe torche.

Sur le quai, nous voyons une petite barque accostée. Je ne sais pas pourquoi et par qui, mais sans doute son propriétaire l'a-t-elle abandonnée. J'ai de la chance en ce moment. Nous pouvons l'emprunter sans que cela ne soit gênant pour personne.

Seuls et près du but, nous glissons paisiblement vers la berge opposée, doucement éclairés par la blancheur de la lune, l'air frais de la liberté en toile de fond, le calme extérieur en conquête de nos cœurs. Le calvaire se termine, nous sommes apaisés.

De l'autre côté, la Thaïlande ! Nous ne risquons plus rien maintenant. Nous trouvons rapidement une route et nous la suivons vers le sud. Nous marchons plusieurs heures avant de parvenir à une ville.

Le soleil ne tardera pas à se lever et cela tombe bien car ma lampe torche ne fonctionne plus. Curieusement, je ne suis pas fatigué. Cela ne sert à rien de réserver une chambre d'hôtel, autant utiliser directement un bus pour se rendre à Bangkok.

Nous en trouvons un qui part dans quelques heures. Nous en profitons pour dormir un peu dans la gare routière.

Le trajet dure environ cinq heures et nous arrivons enfin à notre destination tant convoitée en milieu d'après-midi : Bangkok, nous voici.

Nous descendons du bus et enfin Yun s'extériorise : elle sourit, rigole et pleure en même temps. Une nouvelle vie peut commencer. Je suis bien content. Pour tout dire, je finissais par douter que Yun puisse ressentir un quelconque sentiment, je me trompais.

La voir ainsi me fait sourire, son enthousiasme est contagieux. Elle est plutôt jolie finalement. Des écorchures se sont rajoutées à ses anciennes contusions mais le pétillement nouveau de ses yeux embellit ses meurtrissures.

Il n'y a pas à dire, Yun est courageuse, respect.

La ville est très dense, très active, cela nous change de ces derniers jours. Personne ne prête attention à nous. Je retire un peu d'argent et un taxi nous amène à l'ambassade sud-coréenne ; là-bas, ils aideront Yun à rejoindre Séoul. Elle passera deux mois dans un centre éducatif de réinsertion pour apprendre les rudiments du capitalisme.

Devant l'ambassade, Yun est rayonnante.

Elle me remercie chaleureusement et m'étreint. Je lui transmets mon adresse postale et lui demande de m'envoyer des nouvelles. Elle me remercie encore et entre dans l'ambassade.

Je me retrouve seul.

C'est brutal. Tous ces jours à partager la même galère et puis, tout à coup, plus rien. La vie reprend son cours.

Bon, c'est bien beau tout ça, mais mon retour en France s'effectuera depuis Beijing, je dois retourner dans cette ville.

Je me trouve un hôtel et regarde le prix des billets d'avion. Mince ! Je n'ai pas les moyens. Je suis obligé de solliciter mon père pour m'aider. Je me sens honteux.

J'ai eu de la chance, car si je m'étais fait arrêter, j'aurais sans doute été mis en prison pour plusieurs années.

À dire vrai, je réalise seulement à cet instant le réel danger de ce voyage et, s'il était à refaire, je ne le referais sans doute pas.

La discussion avec mon père reste vague. Après l'avoir rassuré sur la qualité de mes vacances, je lui demande l'air de rien de me prêter un peu d'argent dès que possible. Je préfère ne pas lui expliquer une situation qu'il n'approuverait pas. Il se doute qu'un événement anormal s'est produit mais il n'insiste pas et me fait la promesse de réaliser un virement dans l'immédiat.

Heureusement que je ne suis pas seul !

Je peux retourner à Beijing, mes ennuis se terminent.

Je ne saurai jamais pourquoi l'aller-retour est moins cher que l'aller simple. C'est idiot. Je dois acheter un aller-retour Beijing-Bangkok alors qu'un aller simple m'aurait suffi. La compagnie aérienne perdra une place au retour ! L'élite du marketing a imaginé cette idée farfelue et le monde entier la reproduit sans y réfléchir. Pour compenser le nombre important de personnes qui n'utilisent pas les retours, les compagnies aériennes recours au surbooking. Pourquoi faire simple... Allez comprendre ! Moi qui pensais que seuls les Européens étaient assez cloches pour imaginer ce genre d'idées. Aucun doute : la connerie est universelle.

Nous devons composer avec ce monde, mon avion part demain. Je dors bien.


À l'aéroport, au moment de passer les contrôles de passeport, un douanier me demande pourquoi je n'ai pas de visa. Je suis étonné, j'ignorais qu'il fallait un visa touristique pour la Thaïlande. Je n'ai quand même pas fait tout ce chemin pour me faire arrêter ici. Je bredouille en anglais que je l'ai perdu. Il ne comprend sans doute rien à ce que je lui dis mais heureusement pour moi, il ne fait pas de zèle. Il n'insiste pas et me laisse passer. Il est gentil. Peut-être est-ce parce que je pars de Thaïlande et que mon étonnement était sincère.

Après un vol assez court, j'arrive à Beijing. Je suis ravi de retrouver cette ville. J'ai l'impression que cela fait une éternité que je suis parti.

Je m'installe dans un hôtel assez classe, j'ai envie de me dorloter en louant une chambre cosy.

Je me lave les dents et bois une ou deux gorgées d'eau du robinet. J'ai oublié un instant que l'eau n'était pas potable mais le goût bizarre de celle-ci me l'a vite rappelé. Quelques instants plus tard, un mal de ventre important apparaît. Cela devrait passer, mais je reste deux jours enfermé à l'hôtel. Impossible de sortir de ma chambre. Je gobe des médicaments mais mon état ne s'améliore guère.

Mon dernier jour approche, je n'ai pas le courage de me promener dans Beijing. Tant pis, de toute façon, j'avais déjà visité cette ville à mon arrivée.


Je gagne l'aéroport un peu triste, je serais bien resté davantage.

Durant ce voyage, je me suis beaucoup amélioré en chinois. Dommage : je n'aurais sans doute pas l'occasion d'entretenir cette langue.

Surtout, je me suis fait une nouvelle amie. Peut-être un jour me fera-t-elle visiter la Corée du Sud ?

Quoiqu'il en soit, j'ai parcouru la Chine du nord au sud, je connais maintenant parfaitement les mœurs et coutumes chinoises : j'ai eu le temps de lire et relire entièrement mes guides durant mes trajets en train.

# Table des matières

Printed by Amazon Italia Logistica S.r.l.
Torrazza Piemonte (TO), Italy

48752463R00168